Alejandra De la Porte

Josie y el Coronel

Alejandra De la Porte

Josie y el Coronel

El destino

JustFiction Edition

Imprint

Any brand names and product names mentioned in this book are subject to trademark, brand or patent protection and are trademarks or registered trademarks of their respective holders. The use of brand names, product names, common names, trade names, product descriptions etc. even without a particular marking in this work is in no way to be construed to mean that such names may be regarded as unrestricted in respect of trademark and brand protection legislation and could thus be used by anyone.

Cover image: www.ingimage.com

Publisher:
JustFiction! Edition
is a trademark of
Dodo Books Indian Ocean Ltd. and OmniScriptum S.R.L publishing group

120 High Road, East Finchley, London, N2 9ED, United Kingdom
Str. Armeneasca 28/1, office 1, Chisinau MD-2012, Republic of Moldova, Europe
Printed at: see last page
ISBN: 978-613-7-39333-8

CAPÍTULO 1. Josie y el Coronel

Apenas eran las 2 de la tarde, repetía ella en su mente, faltaban aún 5 horas para que su vuelo llegara a la ciudad, había esperado meses para hacer ese viaje y ahora, cuando más cerca estaba, más se arrepentía de haber ido, pero ya no podía retrasarlo más; cada vez que veía el reloj era como si el tiempo hubiera decidido transcurrir tan lentamente que parecía que se había detenido, volvió a ver su reloj y apenas eran las 2:02 eso era increíble, apenas habían pasado 2 minutos desde la última vez que lo había visto. Necesitaba distraerse, llevaba su computadora consigo por lo que se levantó para sacarla del compartimento de equipaje arriba de su asiento, precisamente por esto le gustaba sentarse en el asiento que da al pasillo, por la libertad que le brindaba, si quería pararse o caminar o simplemente para ir al baño, no tenía que pedirle permiso a nadie. En cuanto se puso de pie, abrió el compartimento para sacar el maletín con la computadora, el avión comenzó a cimbrarse y moverse violentamente, las maletas y su maletín iban a caer encima de ella, las vio venir pero no había espacio para evitarlas, en eso sintió como unos brazos la jalaban, ambos casi se caen en el pasillo, las maletas alcanzaron a golpearlos un poco pero no a hacerles daño, la zona de turbulencia había terminado, o al menos eso dijo el capitán, aunque ella no recordaba que hubiera avisado que iban a entrar a una zona de turbulencia, en cuanto pudo se puso de pie, el caballero que la había salvado era un hombre corpulento de avanzada edad, estando ella ya de pie, lo ayudó a pararse mientras le daba las gracias, el caballero le sonrió y le dijo que era un placer salvar a una jovencita tan bonita como ella.

Ambos iban sentados en la misma fila y en el asiento que da al pasillo por lo que siguieron platicando, él se presentó, le dijo que era el Coronel Arturo de la Garza, Coronel de las fuerzas aéreas, ella le dijo que era Josie, alumna de la universidad, la plática fue tan amena que a partir de ahí a Josie se le hizo que el tiempo pasaba más rápidamente, de hecho lo platicó con el Coronel y éste le explicó que el tiempo era tan relativo como cada uno lo perciba, por ejemplo, él le dijo que tenía casi 75 años y que el tiempo cada vez pasaba más rápidamente, el tiempo nunca es suficiente cuando te diviertes, le dijo el Coronel a Josie mientras le giñaba el ojo y agregó, tengo tantas cosas que hacer que no creo que me alcance el poco o mucho tiempo que me queda de vida. El Coronel y Josie siguieron platicando hasta que el avión aterrizó, incluso esperaron a que los pasajeros bajaran, cuando ya no había a nadie más que esperar, ambos se pusieron de pie, tomaron sus pertenencias y salieron del avión, cuando entraron al aeropuerto, ambos intercambiaron teléfonos, Josie sonrió al pensar que si él hubiera sido más joven, quizás hubiera sido el inicio de una historia de amor, de esas que solamente pasan en las películas, ambos quedaron en comunicarse al día siguiente, el Coronel la había invitado a una exposición de arte que iba a llevar a cabo uno de sus nietos. Mientras Josie iba por su equipaje, notó que el Coronel viajaba ligero, siempre le había llamado la atención la gente práctica, esa que sabe viajar y no carga con tantas cosas que al final ni se usan. Cuando vio su equipaje, lo jaló para sacarlo de la banda transportadora, definitivamente ella no viajaba ligero, pensó mientras buscaba con la mirada al Coronel para despedirse, ambos cruzaron miradas y ella extendió la mano para moverla de lado a lado como señal para decir adiós, el Coronel sonrió e hizo lo mismo.

Ya con el equipaje en mano, salió para buscar un taxi que la llevara al hotel, aún era temprano lo que le daba tiempo de dejar las cosas en el hotel y salir inmediatamente ubicar la oficina donde tenía la reunión al día siguiente, estaba tan nerviosa que no quería llegar tarde.

Mientras esperaba para hacer el "check-in" en el hotel, le llamó la atención que todo el personal estaba nervioso, así que le preguntó a uno de los recepcionistas si estaba pasando algo, él le dijo que no exactamente sino que uno de los dueños de la cadena de hoteles se iba a hospedar ese día así que todo el personal estaba en alerta, Josie sonrió y le preguntó:

- ¿Y ya saben quién es o cómo es esa persona? -

- No, solamente se nos dijo que era alguien muy importante y no nos dieron más información -

- Bueno, esperemos que les vaya bien - le dijo Josie sin dejar de sonreír

Cuando le tocó su turno, la atendió el mismo recepcionista con el que estaba platicando anteriormente, lo cual hizo que Josie volviera a sonreír, cuando el muchacho le preguntó el número de reservación Josie con una sonrisa se lo proporcionó junto con su nombre, el empleado al escucharlo, la volteó a ver y le dijo:

- ¿Usted es Josie Limantour?, perdón, la señorita Josie Limantour, heredera del Grupo Empresarial Limantour? -

- Sí, soy yo, de hecho creo que soy yo la persona que estaban esperando – le dijo Josie sonriendo al ver su cara de asombro.

-Nadie nos dijo que era usted la que iba a venir, y menos que es tan joven – dijo el recepcionista.

- No se preocupe, casi nadie sabía que iba a venir, de hecho había retrasado mi visita porque quería seguir en el anonimato pero creo que a partir de mañana ya no se va a poder – le dijo Josie

- Esperamos que su estancia en el hotel sea placentera, ¿quiere la suite presidencial como su primo cuando viene? -

- No, gracias, deme una habitación normal, yo prefiero que esa habitación la use alguno de nuestros huéspedes, además yo no necesito tanto – le contestó Josie

- Perfecto, su habitación es la 2003, un botones le llevará su equipaje, ¿desea algo más? – le dijo el recepcionista

- Si, por favor, necesito un taxi – le dijo Josie

- ¿No le asignaron chofer? A su primo siempre le asignan un chofer – le dijo el recepcionista al mismo tiempo que recibía una mirada como llamada de atención de otra de las personas de recepción.

Josie hizo como que no se había dado cuenta de ello, pero decidió investigar más sobre su primo, al parecer, visitaba mucho ese hotel, su primo era hijo de un hermano de su padre, el hermano con el que su padre se había peleado hace ya muchos años y por el que la familia se había dividido. Jamás contó su padre el motivo de esa disputa por lo que supuso que debería ser algo muy grave, desgraciadamente su padre y su madre habían fallecido hacía algunos meses y esa versión ya no habría forma de saberla, debió haberle insistido a su padre que se la contara, intuía que su primo y quizás la familia de él le iban a causar muchos dolores de cabeza.

El teléfono de la habitación sonó para avisarle que el taxi que había pedido la estaba esperando, Josie dio las gracias y salió del cuarto. Cuando se subió al taxi, le proporcionó al taxista la dirección de la sede del Grupo Limantour en ese país, Josie solamente quería ver el edificio, no iba a entrar esta vez para no causar revuelo, sabía que la seguridad era muy rigurosa y que le iban a pedir alguna identificación, no quería que nadie se diera cuenta de lo nerviosa que estaba. Al llegar al edificio, Josie se asombró, ¿en realidad su familia era tan rica? Ella sabía que era muy afortunada al haber nacido en una familia acomodada pero nunca le interesó saber más, ahora debía comenzar a poner atención, al día siguiente cumpliría 21 años y le iban a entregar las riendas del Grupo.

Ya cuando se sintió tranquila, que pudo medir mejor la distancia y la dimensión de lo que vería al día siguiente, decidió relajarse, le pidió al taxista que la llevara al Centro Comercial más cercano, este fue el Centro Comercial propiedad del Grupo Limantour, por lo que Josie volvió a ponerse nerviosa.

Al bajar del taxi, fue directamente a una de las tiendas de zapatos que más le gustaba, sin dudarlo entró y se compró un par de zapatos negros con suela roja que combinarían a la perfección con el atuendo que usaría al día siguiente, su madre siempre le había dicho que el vestido hace la ocasión y no al revés, por lo que ella se había esmerado en escoger la ropa que se iba a poner cuando cumpliera 21 años, sin embargo, no podría usarlo, ese era un vestido de fiesta ya que se había organizado un gran evento, pero, sus padres habían fallecido y los abogados estaban como locos buscándola, ella no había querido atender a nadie pero sabía que en cierto momento tendría que hacerlo, así que después de reunirse con el abogado principal, se puso en marcha la sucesión, como hija única era la que heredaba todo, es decir, más del 51% de la tenencia accionaria del Grupo y una cuantiosa fortuna adicional, así como la herencia que le habían dejado sus abuelos la cual se le entregaría cuando cumpliera 21 años, ella sabía que pasaría a ser una de las personas más jóvenes en poder de una fortuna, no se sentía preparada para ello, por lo que inicialmente decidió confiar en los abogados de sus padres.

Mientras caminaba por el Centro Comercial, recibió un mensaje de texto del Coronel, quien le recordaba la de la exposición, en el mensaje agregaba la ubicación, la hora y un enlace electrónico donde se hablaba de la obra del nieto del Coronel, Josie inmediatamente lo abrió, quería saber cómo era el nieto del Coronel peros solamente había un muestrario de las obras y una pequeña biografía, pero nada de foto, decidió "googlearlo" y ver si encontraba algo en las redes sociales, en cuanto puso el nombre, vio como aparecían varios enlaces, pero, nada de fotografías, se le comenzó a hacer algo extraño, lo cual despertó su curiosidad, ahora, definitivamente iría al evento.

Le escribió al Coronel confirmando su asistencia y le agradeció haberla invitado, el Coronel le mandó un breve mensaje en el que decía:

- Mi agradecimiento es hacia ti, nos vemos-

El Coronel quizás esté ocupado, pensó Josie para justificar lo breve del mensaje, cuando reparó en la hora, se dio cuenta de que apenas tenía tiempo para arreglarse e ir a la exposición, llegando al hotel pidió un taxi a las 7 PM, apenas le quedaba una hora para arreglarse. No era la primera vez que la invitaban a un evento como ese, pero sí era la primera vez que tenía tanta curiosidad al respecto.

En cuanto llegó a la galería, le mandó un texto al Coronel para avisarle que ya había llegado, al poco rato, el Coronel le dio la bienvenida y le dio un recorrido por la galería y la obra de su nieto, a Josie le pareció que era un pintor y escultor con mucho talento, de hecho, pensó en comprar alguna de sus obras, ahora que iba a tener oficina la iba a decorar a su gusto y no como las frías oficinas del Corporativo.

En cuanto entraron a uno de los salones, Josie vio a su primo, ¿qué hacía él ahí? Se preguntó, iba a sacarle la vuelta cuando él la reconoció, ahora ella tendría que ir a saludarlo.

Acercándose a él, le dijo al Coronel que si le permitía unos momentos, que iría a saludar a alguien conocido, el Coronel le dio su espacio y le dijo, señalando una gran escultura, que la esperaría frente a ella.

Cuando Josie estaba frente a su primo, este no esperó a que ella dijera algo y le dijo:

- Así que, estás aquí primita -

- Sí, y decidida a tomar lo que es mío – dijo ella

- Pues habrá que ver a que te refieres con eso – le dijo su primo Scott

Ella visiblemente molesta le dijo:

- Lo que es mío según la ley, primito -

- Bienvenida prima, ahora que dejaste de ser la niña consentida de papá, a ver si puedes hacerte cargo -

-Ya verás cómo puedo con eso y más, al menos yo no ando alardeando como tú llegando a la habitación más cara del hotel – le dijo ella no pudiendo evitar revelar la información que le había proporcionado uno de los recepcionistas del hotel.

Scott no hizo caso de la acusación de Josie, cambiando el curso de la conversación le preguntó:

- Y qué haces aquí en la galería, esta exposición es solamente por invitación -

- Me invitó un amigo – le dijo ella

- ¿Y se puede saber quién es ese disque amigo? No andarás en malos pasos como los de tu… -

Josie no lo dejó terminar la frase, se acercó tanto a él que Scott tuvo que retroceder un poco, no esperaba esa reacción de la dulce Josie

Al momento que ella se le acercó, alzó el puño a la altura de la cara de su primo y le dijo:

- Si te atreves a terminar esa frase, no me importará donde estoy y te romperé la boca como lo hice el año pasado -

Scott recordó esa vez, ella estaba tan enojada que le dio un puñetazo que casi le rompe un diente.

La situación estaba por ponerse complicada cuando el Coronel se acercó a Josie y le dijo:

- ¿Pasa algo pequeña? -

- No Coronel, es mi primo que de repente se puso impertinente -

Scott no podía creer quien estaba por defender a su prima, ese era el Coronel Arturo de la Garza, una de las personas más importantes del país, cómo le había hecho su prima para conocerlo, ni siquiera él había podido acercarse a tener una cita, la cual había buscado en múltiples ocasiones sin éxito, de hecho, había conseguido que lo invitaran a ese evento porque sabía que el Coronel estaría en él, ya que era uno de sus nietos el que exponía.

Estaba perdido en sus pensamientos cuando apareció el creador de la obra, éste era un muchacho algunos años más grande que Josie, iba vestido con un atuendo informal, en cuanto apareció, se ganó el corazón de Josie, que muchacho tan guapo, pensó, la expresión de la cara de ella no pasó inadvertida para el Coronel, por lo que decidió presentarlos, esa era la muchacha que le convenía a su nieto, una dulce muchacha, educada y alegre. El Coronel los presentó y dejó que las cosas siguieran su curso, más tarde se daría cuenta que ese curso era el que a él le hubiera gustado.

Al día siguiente, Josie se arregló para su primera junta de negocios, ahora de adulto, mientras se arreglaba recibió una llamada de Andy, el nieto del Coronel, ambos charlaron como si fueran grandes amigos, Josie le había contado la noche anterior que al día siguiente tendría el evento más importante de su vida, Andy le preguntó si quería que la acompañara y Josie se negó, pero agradeció el gesto.

En cuanto Josie llegó al Corporativo, uno de los Directivos ya la estaba esperando, caminaron juntos rumbo a una de las salas de juntas, en cuanto le abrió la puerta, apareció un solo personaje, el hermano de su padre, éste había sobornado al Directivo para que antes de llevarla al salón principal, la llevara a esa sala, él quería ver a esa muchacha que ahora le robaría la fortuna a su hijo, la historia se repetía y no podía detenerla, en cuanto se quedaron los dos solos, el Tío Joe, como ella lo conocía, empuñó un arma y le dijo:

- No podrás tomar posesión de nada, todo esto le pertenece a mi hijo, tu padre falsificó documentos y pagó mucho dinero para hacerme pasar por demente, pero esto se ha terminado -

Josie no lo podía creer, su padre no era un delincuente, pero cuando iba a reclamarle, Joe le dio unos documentos y le mostró la evidencia, Josie estaba devastada, ¿sería cierto? En el momento que iba a preguntar más, sonó un disparo, ¿la historia de su vida había terminado?

Josie cayó al suelo, en poco tiempo sintió como la vida se le iba de las manos, como pudo abrió los ojos, quería pedir ayuda pero no tenía la fuerza suficiente, comenzó a escuchar un bullicio a su alrededor, de repente sintió como unos brazos la levantaban y alguien le decía al oído:

- Todo va a estar bien, no te preocupes -

En cuanto ella percibió un aroma conocido, se desmayó.

Cuando abrió los ojos, estaba en una sala de hospital, la primera persona que vio fue al Coronel, ¿qué hacía él ahí y cómo supo que ella estaba herida?, el Coronel como anticipando lo que Josie le iba a preguntar le dijo:

- Andy te trajo al hospital, estás segura aquí, este hospital es de mi propiedad y nadie podrá hacerte daño -

Josie no podía creer que Andy le hubiera salvado la vida, ¿cómo se había enterado él del lugar de su reunión? ¿por qué el Coronel la estaba protegiendo? Tenía tantas preguntas en su cabeza que sentía que iba a explotar, sin embargo, no pudo hablar, tenía un tubo en su garganta que se lo impedía.

El Coronel le pidió que se calmara, que su nieto le explicaría lo que había pasado, todo había sucedido tan rápido que ni el propio Coronel tenía la versión completa de los hechos.

Cuando el Coronel la vio tan desesperada por decir algo, llamó a una de las enfermeras y le dijo que trajeran inmediatamente papel y pluma, la enfermera entró con el encargo, cuando se lo iba a entregar al Coronel éste señaló que se lo dieran a la paciente.

Josie tomó el papel y la pluma e inmediatamente escribió:

- Mi tío Joe me dijo que mi padre era culpable de muchas cosas y después me disparó-

- Ya investigaremos la verdad Josie, mientras tanto tienes que recuperarte, yo iniciaré las investigaciones pertinentes y te mantendré informada, por lo pronto, hay guardias en la puerta y a excepción del personal médico autorizado, nadie puede entrar si no lo autorizo yo -

Josie escribió algo y se lo pasó al Coronel, el Coronel comenzó a leerlo y le dijo:

- No me des las gracias, cualquiera hubiera hecho lo mismo, me preguntas que ¿por qué te ayudo tanto? Bueno, quizás va a sonar tonto pero me recuerdas a alguien y además, pienso que si fueras mi nieta, me gustaría que alguien la cuidara en caso de necesitarlo. -

Josie estaba por decir algo cuando escuchó un sonido en la puerta, alguien pedía permiso para entrar, en cuanto ella dijo que entrara vio a Andy, tenían muy poco tiempo de conocerse pero se sentía como si lo conociera de toda la vida, además era tan guapo, pensó Josie.

Cuando Andy entró a la habitación, saludó a su abuelo y después le preguntó como seguía Josie, el abuelo le mencionó lo que habían dicho los médicos, que se estaba recuperando bien, había recibido un balazo pero no había perforado órganos, sin embargo, aún estaba delicada, le quitarían la respiración artificial esa misma tarde y en pocos días ella podría volver a hablar, el abuelo le enseñó las notas de Josie donde preguntaba cómo se había enterado Andy del lugar de su reunión y porqué había ido a buscarla, Andy lo leyó en voz alta y le dijo a Josie:

- Cuando platicamos en la galería te vi muy nerviosa, y quise hacer algo para que te sintieras mejor pero no sabía aún que, después me contó mi abuelo que eras prima de Scott y te apellidas Limantour así que no fue nada difícil saber dónde irías, la hora me la habías dicho tú por lo que quise ir a saludarte y llevarte algo que te hiciera sentir menos nerviosa, no tuve problemas en la entrada para subir, me dijeron que estarías en una de las Salas de Juntas, iba a preguntar en cual cuando escuché el disparo, caminé hacia donde todos iban caminando y cuando abrieron la puerta te vi tirada en el piso sangrando, así que sin pensarlo te tomé en mis brazos y te traje al hospital -

Josie escuchaba con atención el relato de Andy pero de alguna forma no le era fácil entender que hablaba de ella, esa persona a la que habían balaceado era ella, al pensarlo recordó el momento ¡su tío la había querido matar!, escribió una nota y se la dio a Andy, la nota decía:

- Gracias por salvarme la vida, la persona que me quiso matar es mi tío, el papá de Scott -

Andy no podía creer lo que leía, el padre de Scott era el que quiso asesinar a Josie, le pasó la nota a su abuelo y ambos se voltearon a ver preocupados. En ese momento llegó una enfermera acompañada del médico, le iban a retirar el retirar el respirador a Josie por lo que pidieron que ambos salieran.

Aprovechando el momento, el Coronel y Andy hablaron de la situación de Josie, el Coronel preocupado le dijo a su nieto:

- Creo que debemos investigar qué es lo que pasa y mientras no sepamos, no podemos dejar que Josie se regrese al hotel o que tenga contacto con los empleados del Grupo, probablemente su vida corre peligro, habla con Scott a ver si él sabe algo o es cómplice, a partir de ahí veremos qué hacer -

- Está bien abuelo, pero qué vamos a hacer con Josie, mientras esté en el hospital no hay tanto problema, la podemos cuidar, pero una vez que la den de alta no va a ser tan fácil I-

- Hablaré con el médico y le pediré que alargue la estancia lo más posible, mientras vemos que es lo que debemos hacer – dijo el Coronel

- Está bien abuelo, pero ¿por qué proteges tanto a Josie? Yo lo hago porque me gusta pero ¿y tú? -

- Yo lo hago porque le gusta a mi nieto, además porque desde que la conocí en el avión se me hizo una chica estupenda para ti – dijo el Coronel

- Ya me dirás la verdad abuelo, porque tú no eres de andar ayudando a la gente nada más porque sí, pero antes, cuéntame ¿Por qué tomaste un avión de línea si eres propietario de una línea aérea? -

- Ah, bueno, esa es una historia larga, pero estoy pensando en comprarla para ampliar la flotilla y las rutas, necesitamos más rutas para lograr los planes que tenemos para el corporativo – contestó el Coronel

- ¿Pero esa línea aérea no es de del corporativo Limantour? – cuestionó Andy

- Precisamente – dijo el Coronel

- Ah entonces estás ayudando a Josie por interés abuelo -

- No, o al menos no en un principio, en serio creo que es una chica que debemos ayudar, es muy joven y no merece todo lo que le está pasando – dijo el Coronel

- Nadie lo merece abuelo, ya ves, yo perdí a mis padres y de no ser por ti, mis tíos me hubieran dejado en la calle -

- Lo sé Andy, la familia de tu madre siempre fue muy ambiciosa, pero eso está controlado, ahora hay que proteger a Josie, hay que investigar qué hay detrás de todo esto, la verdad no creo que el tío haya planeado todo solo, conozco al padre de Scott y no creo que tenga el cerebro para planearlo, hay algo detrás y debemos investigarlo, por lo pronto ya hice arreglos para proteger a Josie -

- Lo sé abuelo, de hecho ya envié a Alan a investigar todo lo que se pueda sobre la familia de Josie y sobre el consorcio, mañana me va a dar informes, creo que estamos ante algo más grande de lo que parece -

Antes de que terminara la frase, el médico y la enfermera salieron de la habitación de Josie, Andy lo detuvo para preguntarle la situación de ella y su periodo de recuperación, el médico le dijo que le habían retirado el oxígeno y que su recuperación sería gradual pero con buen augurio, aunque el balazo fue en el estómago, la caída le había fracturado el cráneo por lo que la intervención fue muy delicada, estaban esperando a que su salud estuviera fuera de peligro para comenzar a hacer estudios para ver si le había afectado de alguna forma el golpe y la cirugía, cuando se toca el cerebro puede haber secuelas, o al menos eso le dijo el médico a Andy.

Cuando el médico se fue, ambos tocaron para ver a Josie, Sin embargo ya estaba dormida, Andy habló con los guardias para que no dejaran pasar a nadie a su habitación y se fue con el Coronel.

Andy se fue a su taller, aunque era un artista prestigiado poca gente sabía que era un gran hombre de negocios que prefería permanecer en el anonimato, era el único heredero del Coronel y eso significaba que sería el hombre joven más rico del mundo, su abuelo lo había entrenado para hacerse cargo del Grupo empresarial y de casi todos sus bienes, una parte sería para el resto de sus nietos pero la cabeza, siempre sería Andy, aunque nadie lo sabía… aún.

Pasaron algunas horas en las que Andy dispuso algunos asuntos pendientes, entre ellos, terminar una escultura que enviaría a un cliente en el extranjero, cuando tomó el cincel, sonó su celular, era uno de los guardias del hospital, alguien había entrado a la habitación de Josie y la había herido, Andy no lo podía creer, se suponía que el hospital estaba blindado, seguramente alguien se había vendido o tenían infiltrados en algún lado. Se cambió de ropa y fue directo al hospital, cuando llegó, Josie estaba en el quirófano, había recibido una puñalada.

Andy le marcó a su abuelo y ambos decidieron que lo mejor era hacerla pasar por muerta, mientras esperaba el resultado de la cirugía, recibió una llamada de la recepción del hospital diciendo que un extranjero estaba preguntando por la salud de Josie, Andy ordenó que lo dejaran pasar pero que lo siguieran, cuando esa persona llegó a la sala de espera se dirigió a Andy para preguntar cómo estaba Josie, Andy se presentó y esperó a que aquella persona hiciera lo mismo, era un muchacho probablemente de la edad de Josie, quizás sería un amigo pero necesitaba asegurarse, además de que no le gustó que un hombre preguntara por ella.

CAPÍTULO 2. Sobrevivientes

El muchacho se presentó, era Juan José Escutia, amigo de Josie de la carrera, Andy lo saludó y le dijo que Josie estaba en el quirófano porque había sufrido otro atentado.

Juan José asombrado le dijo:

- ¿Cómo que otro atentado? ¿Qué no había sufrido un accidente? -

- No, a Josie la quiso matar su tío y ahora alguien envió a terminar lo que el tío no logró – le dijo Andy esperando a ver la reacción de Juan José

- ¿Cómo que su tío? ¿Cuál tío? – cuestionó Juan José

- ¿Conoces a Scott el primo de Josie? – preguntó Andy

- Sí como no, ese pedante que siempre está molestando a Josie -

- Pues el padre de Scott, él fue quien intentó matarla – agregó Andy

- No puede ser, siempre supe que Scott era una mala persona pero no había escuchado hablar de su padre-- dijo Juan José y agregó -mañana llega Helia, la mejor amiga de Josie, apenas nos enteramos ayer del accidente de Josie y como sabemos que está sola quisimos venir a ayudarla, los 3 somos amigos desde hace muchos años-

- Y ya tienen donde quedarse? - cuestionó Andy

- No, vine directo del hospital, saliendo iré a buscar un hotel – le contestó Juan José

- Juan José, si no es inconveniente para ti, conozco un hotel cercano donde se pueden hospedar, los gastos corren por mi cuenta, los amigos de Josie son amigos míos – le dijo Andy pensando que si se hospedaba en alguno de sus hoteles podría vigilarlo mejor.

- Gracias, llámame, Juanjo, así me dicen todos mis amigos, te agradezco que me orientes sobre el hotel, pero no es necesario que lo pagues, de eso yo me hago cargo, pero te lo agradezco – dijo Juanjo desconfiado, porqué estaba ayudando a Josie, si ella jamás lo había nombrado ni como amigo ni como alguien cercano.

La rivalidad entre ambos fue notoria en ese momento, aun así, Andy le dijo:

- Lo entiendo Juanjo, pásame tus datos y le diré a mi secretario que te ayude con los arreglos del hotel para ti y tu amiga, sé que Josie se alegrará de verlos cuando salga de cirugía -

- Te lo agradezco Andrés, pero también me haré cargo de los gastos de Helia, no te preocupes - le dijo Juanjo

- Como gustes - dijo Andy sin permitir que Juanjo lo llamara de esa forma - aquí está mi tarjeta, el número atrás es mi número privado en caso de que necesiten algo tú y tu amiga, en cuanto ella llegue házmelo saber, para dar sus nombres en la recepción y que puedan entrar a ver a Josie -

La cirugía estaba tardando más de lo esperado y ya era tarde, por lo que Andy agregó:

- Si quieres, mi chofer te llevará al hotel, en cuanto salga Josie de cirugía te aviso – Dijo Andy marcando territorio

Juanjo entendiendo la indirecta y sabiendo que no podría hacer nada por el momento, le agradeció y aceptó que lo llevara el chofer. Andy le llamó a su chofer, quien a su vez era su secretario y le dijo que hiciera los arreglos que Juanjo le indicara, seguramente dos habitaciones para él y para su amiga.

Juanjo lo escuchó pacientemente mientras pensaba que necesitaba investigar a Andy, se veía muy joven pero mostraba una seguridad inusual, debía ser alguien poderoso, debía asegurarse de que no era un enemigo más de Josie, por eso decidió quedarse en el hotel que le indicaba y aceptar su ayuda, por el momento, los enemigos siempre hay que mantenerlos cerca, pensó, le agradeció a Andy su amabilidad y se dirigió al elevador para abordar el auto del chofer de Andrés.

Ya en la habitación del hotel, le habló a Helia y le informó todo lo que le había dicho Andrés y sus sospechas de que ese tal Andrés fuera otro enemigo de Josie, Helia lo tranquilizó y le dijo:

- No tomes decisiones precipitadas, vamos a investigar quien es y mañana veremos, yo llego temprano así que nos vemos en el hospital -

- Perfecto, mándame los detalles de tu vuelo, ya te reservé habitación en el hotel así que por eso no te preocupes, al rato me va a informar Andrés el estado de salud de Josie, en cuanto sepa te aviso, nos vemos mañana – le dijo Juanjo a Helia

- Sí, por favor avísame en cuanto sepas algo, dos atentados en pocos días es mucho hasta para Josie – dijo Helia

- Sí, aunque ella sabía que la familia de su padre era peligrosa, siempre nos lo ha dicho – mencionó Juanjo

- Sí, pero jamás nos dijo que pudieran ser unos asesinos – agregó Helia

- Lo sé, esto se va a complicar mucho antes de mejorar, nos vemos mañana – Dicho esto Juanjo colgó y prendió su computadora para investigar a Andrés.

En cuanto puso su nombre en el buscador, aparecieron infinidad de ligas que lo mostraban como un gran artista pero no decía nada más, sin embargo, en una de las fotos aparecía junto a un militar que a Juanjo se le hizo conocido, leyó el pie de la foto y supo que era nieto del Coronel Arturo de la Garza, puso ese nombre en el buscador e inmediatamente supo que Andrés provenía de una de las familias más ricas del planeta, su poder era importante pero el de su abuelo, era aún mayor, estaba ante una familia que si era enemiga de Josie no podría hacer nada, así que esperaba que no fuera así.

Preocupado pero cansado, se quedó dormido, al poco rato, le habló Andy para decirle que Josie había salido de la operación, que estaba en cuidados intensivos, aún no estaba fuera de peligro, le dijo además que pondría varios guardias a su cuidado y una enfermera permanentemente a su lado quien le avisaría en cuanto ella despertara.

Juanjo le agradeció la información e inmediatamente le mandó un mensaje de texto a Helia informándole de la salud de Josie y lo que había encontrado sobre Andrés, ella le contestó que en cuanto llegara, ambos pensarían qué hacer, por lo pronto, parecía que Josie estaba en buenas manos.

Al día siguiente, Juanjo pidió un taxi pero en la recepción le informaron que el señor De la Garza había dispuesto un chofer para él, Juanjo no sabía que hacer pero como se le estaba haciendo tarde para ir por Helia al Aeropuerto decidió aceptar la cortesía, en cuanto se subió al auto le mandó un mensaje de texto a Andrés agradeciéndole el gesto e informándole que iría por Helia al Aeropuerto y de ahí irían al hospital. Andy le contestó que los esperaba en el hospital, que el chofer tenía indicaciones de ponerse a sus órdenes, que si querían, en cuanto llegaran al hospital, el chofer haría los arreglos para dejar el equipaje de su amiga en su habitación. Juanjo no era pobre pero tampoco tenía lo suficiente para actuar de esa manera, así que debía pensar muy bien sus siguientes pasos, si Andrés era un amigo, sería benéfico para Josie pero si era un enemigo, quizás no tendría los recursos para enfrentarlo.

En cuanto llegó al Aeropuerto, el chofer le dijo en qué sala estaba Helia, Juanjo seguía asombrado por la forma en la que la gente de Andrés se movía, este seguramente no era un chofer cualquiera, por lo que decidió no hablar nada frente a él.

Iba caminando rumbo a la sala para encontrarse con Helia cuando la vio casi frente a él, ambos se saludaron y Juanjo la puso al tanto de todo, incluyendo sus sospechas de que el chofer fuera un espía de Andrés, Helia le dijo que se calmara, que ella había investigado también a la familia y no había nada que indicara que fueran malas personas, que esperara a hablar con Andrés y conocer más sobre sus intenciones con Josie para formar juicios.

Aun así, Juanjo desconfió, secretamente Juanjo estaba enamorado de Josie por lo que le era difícil aceptar que su amiga tuviera a alguien tan poderoso que la cuidara de esa forma.

En cuanto llegaron al hospital, dieron sus nombres en la recepción y un guardia los escoltó hasta la sala de cuidados intensivos, Josie estaba sola en la sala, las puertas de acceso estaban bloqueadas por guardias, en cuanto llegaron, Andy se apareció, se presentó con Helia y les informó de la salud de Josie, al parecer, se estaba recuperando bien.

De repente todas las alarmas de cuidados intensivos comenzaron a sonar, médicos y enfermeras se apuraron para asistir a Josie, estuvieron un tiempo pero al final, el monitor mostraba una línea horizontal, continua, Josie había fallecido.

Los médicos se acercaron a Andy y por más explicaciones que le dieron éste mostró su enojo a tal grado que los despidió, Juanjo y Helia no podían creer que su amiga estuviera muerta, en ese momento, Andy recibió una llamada para informarle que la prensa estaba arremolinada frente al hospital, que se habían enterado de que la heredera del Grupo Limantour estaba grave en el hospital y que había sufrido dos atentados, era de esperarse que una noticia como esa no fuera filtrada a la prensa antes.

Andy les informó a los amigos de Josie lo que estaba pasando, les preguntó si había alguien a quien informarle de la muerte de Josie, ambos se voltearon a ver uno al otro y Juanjo le dijo:

- Josie no tenía más familiares que sus padres, sus tíos y primos jamás fueron cercanos a ella, lo más parecido a una familia, eran él y Helia, y claro los padres de ellos que consideraban a Josie como parte de su familia -

Andrés le habló a su abuelo y le informó de la muerte de Josie, y que estaban sus amigos con él en el hospital. El Coronel le dijo que se hiciera cargo de la prensa y que les dijera a sus amigos que los funerales serían a cuenta del Coronel, que además les preguntara si Josie les había comentado alguna vez lo que quería en caso de fallecer, Andrés les preguntó a ambos y ellos dijeron que no, que ella jamás pensó en la muerte, Andrés le dijo eso a su abuelo por lo que el Coronel dispuso que serían unos funerales dignos de una persona como Josie.

En el momento que Andy colgó la llamada con su abuelo, le entró la llamada de Scott, éste le dijo que se había enterado que su prima estaba internada ahí y que supuso que Andy sabría algo, Andy le dijo que sí, pero que requería que él llegara al hospital para informarle, además le dijo que le enviaría instrucciones para que entrara al hospital de incógnito para que no tuviera que encarar a la prensa, como Scott era hijo de quien le había disparado a Josie, seguramente iban a querer entrevistarlo, por lo que Scott le agradeció a Andy sus atenciones, no era momento de hablar con la prensa.

En cuanto llegó Scott al hospital, Andy lo estaba esperando junto con Juanjo y Helia, Scott ya los conocía por lo que se saludaron, sin embargo, Scott no pudo dejar de notar que ellos estaban llorando por lo que inmediatamente preguntó:

- ¿Cómo sigue mi prima? Supe que alguien más trató de matarla -

- Y esta vez lo logró - dijo Juanjo visiblemente enojado y sin darle tiempo a Scott de reaccionar, se abalanzó contra él y le dio un puñetazo al mismo tiempo que le decía que de no ser por su familia, Josie estaría viva y hubiera sido feliz, Scott iba a regresarle el golpe pero Andy lo detuvo y le dijo:

- Tienes que entender Scott, tu padre intentó matarla, cálmate y hablemos todos civilizadamente, y tú Juanjo, cálmate también, él es familiar de Josie y quizás se quiera hacer cargo de los arreglos funerarios -

- Contra mi cadáver, este hombre no se volverá a acerca a Josie nunca más -

Scott entendió y sin ninguna emoción aparente le dijo a Andy que se haría cargo de los arreglos pero entendía que los amigos de Josie no lo quisieran ver, Andy le dijo que no era necesario, que ya su abuelo estaba haciéndose cargo, después de escuchar esto, Scott supo que no había nada que hacer, la familia del Coronel era más poderosa que la suya.

Helia y Juanjo no podían creer que su amiga hubiera muerto, ambos les hablaron a sus familias para informarles y se pusieron de acuerdo para asistir al funeral, Helia no paraba de llorar por lo que Juanjo la abrazó y le dijo encolerizado:

-Tenemos que vengar su muerte, esto no puede quedarse así, seguramente el heredero será Scott, no debemos permitir que tome posesión de la fortuna de Josie, que sea cualquier otro de su familia, pero él no-

Helia no dijo nada, simplemente abrazó a Juanjo y lloró en su hombro, Andy los dejó solos y fue a hablar con el médico, necesitaban retrasar la entrega del supuesto cuerpo de Josie, cosa que no era posible ya que ella aún estaba viva en el área de cuidados intensivos, iba a ser difícil pero no imposible. Andy no podía creer lo sola que estaba Josie, solamente un par de amigos pero ningún familiar salvo Scott y él porque seguramente tenía un interés oscuro en saber el estado de salud de su prima, de hecho, cuando le supo que había muerto este no mostró ni la más mínima muestra de cariño.

Al mismo tiempo que Andy hacía los arreglos para conseguir un cadáver con las características de Josie, el Coronel hacía los arreglos para el funeral, como era la costumbre del país, el cuerpo no sería enterrado sino incinerado pero no inmediatamente, por lo que tenían tiempo suficiente para planear los siguientes pasos y descubrir quien o quienes eran los enemigos de la familia de Josie.

Andy salió del hospital rumbo a la casa de su abuelo, un día antes los investigadores le habían proporcionado los expedientes de la familia de Josie y de sus amigos y esperaba que alguien de la familia o del corporativo atendiera a la prensa, habría que estar pendiente de lo que decían, por otro lado, habló con los dueños de algunos de los periódicos más importantes del país y les informó la situación de Josie y la forma en la que quería fuera manejada, todos conocían el poder de su familia por lo que no se negaron, lo único que les extrañó fue que Andy se involucrara ya que por lo general él prefería mantener bajo perfil y el Coronel era el que aún manejaba los intereses de la familia, antes de bajarse en la casa de su abuelo, hizo una última llamada, ésta era para un amigo que a su vez era dueño de diversos medios de comunicación, le dijo más o menos lo mismo que a los demás, sin embargo, éste sí lo cuestionó diciéndole:

- ¿Y cuál es tu interés en la muerte de esta chica? -

- Era una buena amiga, de hecho, iba a ser más que eso pero el tiempo no lo permitió – le dijo Andy

- ¿Cómo? Pero si no te he conocido novia desde la innombrable – le dijo su amigo

- Porque aún no era mi novia – agregó Andy

- Pues que guardadito te lo tenías amigo mío- – le dijo su amigo y agregó: -Mi más sentido pésame -

- Gracias amigo, te encargo plena cobertura y que cuides la imagen de Josie – acabada la frase colgó y se bajó del auto, su abuelo lo estaba esperando, ambos ya habían leídos los expedientes y no había nada que les llamara la atención, salvo que se hubieran cambiado estatutos en los meses anteriores o algo inusual hubiera pasado, Scott era el heredero de la fortuna de Josie pero no completamente, una parte iría a fundaciones que la madre de Josie siempre apoyó.

Ambos siguieron leyendo la información proporcionada por sus investigadores hasta que Andy encontró una nota de periódico que hablaba del accidente de los padres de Josie y mostraba algunas fotos, algo en las fotos le llamó la atención, en la computadora amplió la foto y vio a varios agentes federales ¿Qué estaban haciendo unos agentes federales en un accidente automovilístico? Andy le enseñó la nota al Coronel y a éste también le llamó la atención, así que tomó su teléfono y le marcó al jefe de la policía federal, era un Coronel amigo suyo por lo que no debía batallar para conseguir toda la información necesaria.

Casi inmediatamente el Jefe de la policía le contestó, ambos se saludaron y bromearon un poco, pasado ese momento, el Coronel fue directo y le preguntó sobre el accidente de los padres de Josie, inmediatamente se notó tensión del otro lado del auricular, el Coronel presionó un poco y le dijo:

- Amigo, vi a varios agentes federales en la escena del accidente y ambos sabemos que esto no es normal, ¿tienes algo que decirme? -

- ¿Cuál es tu interés en esto Arturo? Yo te recomiendo que no escarbes mucho – Dijo el policía

- Mi interés es personal y no dejaré el asunto – contestó el Coronel

- Te vas a meter en muchos problemas, solamente puedo decirte que no fue un accidente, la policía local iba a declararlo homicidio pero alguien de arriba dio la orden que pasaran el caso a nuestra jurisdicción y al final fue declarado accidente – Dijo el jefe de la policía

- ¿Sabes quién es esa persona? – cuestionó el Coronel

- No, pero lo sospecho, no puedo decirte más, este caso es muy peligroso y no quiero involucrarme – contestó temeroso el oficial

- ¿No quieres involucrarte? Estás involucrado hasta el gaznate, si quieres que esto no te explote en las manos más vale que me digas todo lo que sabes, de otra forma, llegado el momento no solamente no te protegeré sino que me iré contra ti y cualquiera que sea responsable de lo que le está pasando a esa familia – le dijo irritado el Coronel

- Lo siento Arturo, pero esto me rebaza, te ayudaré en todo lo que esté a mi alcance pero no me pidas más información, al menos no ahora – dijo el policía

El Coronel colgó el teléfono, ahora sabía que los padres de Josie habían sido asesinados, si hubiera sabido eso antes quizás las cosas hubieran cambiado.

Mientras Andy seguía leyendo expedientes recibió una llamada del médico diciéndole que Josie estaba fuera de peligro, la iban a dejar en cuidados intensivos por precaución y sería trasladada a una habitación con un pseudónimo, Andy le dio instrucciones para que además se dispusiera de dos guardias para custodiar la habitación y que nadie del personal hablara de la salud de ella, el médico sugirió evitar a los guardias porque llamarían mucho la atención sin embargo Andy no cedió, le dijo que inventaran que había un paciente VIP y que la familia había solicitado custodia, eso no era raro en familias acomodadas por lo que se activaron los protocolos necesarios para cumplir con las instrucciones de Andy.

El Coronel había escuchado toda la conversación por lo que no era necesario ponerlo al tanto, a su vez, el Coronel le informó sobre la plática con el Jefe de la policía y el temor que había escuchado en el tono de voz, al parecer, la situación de Josie era más peligrosa de lo que ellos esperaban.

En el momento en el que el Coronel informó a Andy de la verdadera situación de Josie, éste le llamó a su secretario y le dijo:

- Necesito que habiliten la casa de la colina con un área de cuidados intensivos, adicionalmente, busca personal de limpieza y de cocina para cuando yo te diga y un par de enfermeras disponibles las 24 horas -

- Perfecto señor - le dijo su secretario y agregó: - ¿va a necesitar que lo lleve a alguna parte? -

- Si, que lleven mi auto a la casa y tú pasa por mí en una hora – dijo Andy

- Está bien señor – le contestó su secretario y ambos colgaron el teléfono.

Acto seguido, le mandó texto al chofer de Juanjo y de Helia pidiendo informes adicionales, ya que éste se reportaba cada hora con Andy. El chofer le informó que la única que había salido del hotel era la señorita Helia y que se había encontrado con un caballero en un restaurante cercano pero que no había podido identificarlo, Andy se enojó, le dijo que si no podía que pidiera ayuda pero que no era aceptable que no hubiera identificado al acompañante de Helia.

Andy colgó el teléfono y solicitó más personal de vigilancia para Juanjo y Helia así como para la familia de Josie, esto no podía volver a pasar, la vida de ella aún corría peligro si alguien averiguaba que seguía viva.

Para asegurarse de que todo mundo supiera que él era un amigo de Josie, puso un mensaje en su Twitter personal que decía:

"Hoy falleció una gran amiga, todos los que la conocimos sufrimos su pérdida, te vamos a extrañar Josie Limantour"

Andy tenía varios millones de seguidores en sus redes sociales pero pocas veces las utilizaba para escribir cosas personales por lo que este mensaje surtió el efecto que él esperaba, en pocos momentos, sus redes recibieron miles de mensajes, muchos de ellos eran de admiradoras que se preguntaban si Jessie era la novia de Andy o quién era allá, jamás habían escuchado nada de ella y era sabido que las personas como Andy solamente andaban con personas de muy alto perfil.

Andy leyó algunos de los mensajes y el que más le llamó la atención fue el de Scott que decía:

"Andy la familia te agradece tu mensaje y agradece toda la ayuda que le prestaron tú y tu abuelo en vida, por ello, quedaremos siempre en deuda con ustedes"

Andy no sabía cómo tomar ese mensaje, como un agradecimiento genuino o como una amenaza, sin embargo contestó:

"No existe tal deuda, esperemos que su muerte no haya sido en vano y que se atrape a los culpables"

Al leer esto, las redes estallaron, eso de atrapar a los culpables se refería al padre de Scott, ese sería el mayor escándalo del año si llegara a pasar, ya los medios de comunicación habían hecho toda una semblanza de Josie y de su familia así como de las circunstancias de su muerte por lo que todo mundo estaba ahora enterado de quien era ella y por supuesto que los seguidores de Andy mostraban ya un gran cariño por ella así que Scott y su familia se convirtieron en el enemigo número uno de las redes sociales.

Andy había logrado su cometido con 3 mensajes, ahora a ver qué pájaros se alborotaban, él no creía que el padre de Scott hubiera planeado todo esto, ni siquiera el propio Scott tenía la cabeza para ello, así que alguien más poderoso que ellos debería estar jalando de algunos hilos, ¿Cuál sería el motivo?, aún no lo sabía pero seguramente lo sabría pronto.

Juanjo y Helia regresaron a su país para posteriormente regresar al país donde Jessie sería incinerada, pero ahora acompañados de sus correspondientes familias, para todos ellos, Josie era como un miembro más de la familia por lo que era imposible no asistir al funeral.

Andy y su abuelo ya habían dispuesto todo, como era la costumbre, el cuerpo solamente podía ser visto por los familiares pero el único que reclamó verlo fue Scott sin embargo, por la cercanía con su padre, la misma ley se lo prohibió, así que Andy no tuvo problema alguno cuando incineraron otro cadáver y a Josie en cuanto pasó el peligro, la hospedaron en la casa de la colina, ahí estaría bien y segura mientras ellos investigaban lo necesario.

A los pocos días, Andy recibió un informe de la situación legal de Josie y del Corporativo, de alguna manera, la familia se había apresurado para quitarle la fortuna a Josie aun antes de que tomara posesión, eso quería decir que, Josie jamás hubiera tocado un solo centavo de esa fortuna pero había algo más, tampoco Scott, según lo que leía, Scott había sido eliminado de la sucesión unos años atrás, así que los herederos eran los hijos de una de las hermanas del padre de Josie, ellos vivían en el extranjero y muy pocas veces visitaban el país.

Así que, Scott no tenía nada que ganar con la muerte de Josie, esto complicaba mucho más las investigaciones, Andy no terminaba de leer el informe cuando le marcó a su abuelo, éste también tenía el expediente en sus manos, entonces ¿Scott podría ser inocente? Se preguntaron ambos, necesitaban más información por lo que el Coronel habló con varios de sus contactos y se enteró que antes de morir, los padres de Josie habían cedido toda su fortuna a la hermana del padre de Josie, sin embargo, eso no tenía ningún sentido y menos porque esa familia jamás estuvo involucrada con los asuntos del Corporativo, ni con la familia, ellos se habían autoexiliado desde hacía algunos años y no querían saber nada del Corporativo. La situación se complicaba cada vez más.

Ahora Andy ordenó vigilancia en el extranjero para esa familia, presentía que ni ellos estaban enterados de que eran los herederos de Josie y quizás eso los pondría en riesgo.

Por supuesto que las acciones del corporativo Limantour comenzaron a bajar, a tal grado, que los inversionistas carroñeros comenzaron a comprar, de no ser por la pericia del Coronel y su equipo financiero, la empresa hubiera estado en peligro, el Coronel comenzó a comprar cuanta acción salía a la venta con la intención de protegerla y en su momento, devolverle la tenencia accionaria a Josie, sin embargo, la venta no cesaba por lo que le dijo a Andy que hiciera lo mismo, ambos comenzaron a comprar lo que llamó la atención de los mercados, algunos comentaban la falta de tacto dela familia De la Garza para hacer negocios y otros, los admiradores de Andy, hablaban de la bondad de la familia al querer proteger los intereses de la difunta Josie.

Mientras tanto en el Corporativo, los directivos no sabían cómo parar la venta de acciones e idearon una estrategia para re posicionar al Grupo y ganar su confianza de nuevo, al poco tiempo, lo lograron, sin embargo, uno de los socios no se mostró contento con ello, la familia De la Garza se le había adelantado con la compra de acciones, él no sabía que el Coronel conociera siquiera a Josie o alguien de la familia y mucho menos que pudiera proteger los intereses de la empresa de esa forma, así que cuando se detuvieron las ventas de pánico, el socio no alcanzó a obtener el derecho de minoría, así que necesitaba el apoyo de algunos socios más y quizás de algunos miembros del Consejo para lograr los planes que había trazado hacía muchos años antes.

Por otro lado, Scott estaba sumergido en litigios para proteger a su padre, él quería demostrar que su padre no gozaba de plena salud mental por lo que no podía hacerse responsable del intento de homicidio de Josie, pero parecía que alguien muy poderoso movía los hilos para que éste fuera juzgado sin aceptar algún diagnóstico médico que certificara su estado de salud.

Scott además, tenía que lidiar con los abogados del grupo para retomar su posición, no era aceptable la forma en que se le había despojado de la herencia y mucho menos, que lo hubieran despojado de lo que ya era de su propiedad, como era el caso de parte de los activos del Consorcio. Su abuelo era terrateniente por lo que una de las aportaciones de la familia al Grupo fue entregada en propiedades, pero ahora, todo parecía no tener importancia y alguien quería despojarlo de todo, de hecho, era lo mismo que le había pasado a su prima, sin embargo Scott pensó que eso era porque la familia de ella tenía varios enemigos, pero la suya no, desde que su padre se retiró de los negocios y los había tomado Scott las rivalidades de negocios entre familiares y no familiares habían disminuido considerablemente, ahora necesitaba pensar en qué iba a hacer y definir quienes eran sus enemigos, parecía que querían sacar el apellido Limantour del Corporativo.

Sin dudarlo, le marcó a Andy y le platicó lo que estaba pasando, Andy había sido su amigo por algunos años pero se distanciaron cuando los padres de éste último fallecieron, Andy no entendía porque Scott le marcaba a él para platicarle lo que le pasaba sin embargo, fue entendiendo a medida que éste le decía todo lo que estaba pasando en la empresa, para Andy, Scott había sido demasiado ingenuo y egoísta al dejar que despojaran a su prima de lo que le pertenecía, pero ahora que se lo hacían a él, ahora sí estaba enojado, para Andy, ese tipo de respuesta a los problemas era desleal, evaluaría si le convenía o no ayudarlo ya que no confiaba en él pero quizás unir las fuerzas era conveniente "los enemigos de mis enemigos son mis amigos" pensó, al menos temporalmente.

Andy le agradeció la confianza al platicarle a detalle lo que pasaba pero no se comprometió a ayudarlo, iba a dejar que se defendiera solo por un tiempo para medir su talento y sus fuerzas, si le convenía a Josie, quizás lo ayudaría.

Ese día todos se fueron a dormir preocupados, Scott pensando en cómo salvar su patrimonio, Juanjo ideando como vengar a Josie, Helia ni siquiera podía dormir, la muerte de Josie la tomó por sorpresa, Andy, tenía tantas cosas en que pensar que no podía ni cerrar los ojos y por último, el Coronel no pegó los ojos en toda la noche haciendo llamadas alrededor del mundo, necesitaba apoyo e información.

Solamente una persona dormía bien, un accionista que había planeado todo por años, con una frialdad impresionante y sin el más mínimo sentido del bien y el mal, así había sido educado, el fin justifica los medios, y él justificaba plenamente lo que hacía.

Lejos de ahí, Josie despertó adolorida, la cabeza le daba vueltas y no recordaba nada de lo que había pasado días antes, en cuanto abrió los ojos una enfermera llamó al médico, éste le explicó que había sido apuñalada, sin embargo, como había suficientes guardias, lograron detener al agresor, gracias a ello Josie estaba viva.

Josie no podía creer lo que le estaba pasando, quiso hablar pero le dolía la garganta, el médico le extendió una libreta y una pluma para que ella se comunicar, lo primero que ella escribió fue:

"Gracias Doctor, le agradezco que me haya salvado la vida, en cuanto pueda me comunicaré a la empresa para hacerme cargo de sus honorarios y de la cuenta del hospital"

- Por eso no se preocupe señorita Limantour, ya el Coronel y su nieto se han hecho cargo de ello, usted preocúpese por recuperarse y ya de ahí partimos -

Josie estaba escribiendo algo en la libreta cuando entró pidiendo permiso para que entrara Andy, Josie aceptó la visita por varias razones, una de ellas es que se moría por verlo pero además ahora tendría que hablar de negocios, ella era acaudalada por lo que no necesitaba que un casi extraño pagara sus deudas. Andy leyó lo que ella le escribió y los términos para agradecerle y pagar los servicios hospitalarios

Horas antes, Andy había hablado con el médico para conocer completamente el estado físico de Josie, necesitaba decirle la verdad pero no sabía si su cuerpo lo aguantaría, el médico le dijo que el estado de salud de Josie aún era muy frágil por lo que no recomendaba que tuviera emociones fuertes, Andy decidió esperar a que Josie estuviera más fuerte para decirle que toda su fortuna ahora estaba en manos de otra persona.

Para animarla, le dijo que ya pronto la darían de alta y que su abuelo había preparado una casa afuera de la ciudad para que terminara su recuperación en paz, en ella estaría segura y podría recibir a sus amigos.

Josie abrió los ojos como platos y escribió:

- ¿Cuáles amigos? ¿Quién ha venido a verme? -

Andy muy contento le dijo, tu amigo Juanjo y tu amiga Helia han estado aquí por varios días, Josie sonrió y escribió:

- Quiero verlos ahorita mismo, ¿puedes hacer que vengan? -

Andy no podía cumplir con esa encomienda ya que ellos creían que ella estaba muerta así que le dijo:

- Ellos están haciendo preparativos para ayudarte en la casa, en cuanto se desocupen vendrán a verte, te lo aseguro -

Josie estaba muy contenta de poder verlos, eso puso celoso a Andy, ella iba a ver a Juanjo y a él no le gustaba, por el momento, podía retrasar la visita, pero no para siempre así que tenía que planear bien sus siguientes pasos.

Por otro lado, Andy había prohibido que le llevaran prensa a Josie y habían quitado la TV del cuarto, eso para evitar que se enterara delas noticias del Corporativo y de su familia, en las noticias se hablaba de una fuerte disputa entre socios que habían descubierto actividades ilícitas en el Grupo y esto había ocasionado que los culpables pagaran el quebranto ante el Corporativo y que posteriormente se pusieran a disposición de las autoridades, como Josie estaba muerta para casi todos, muy pocos la mencionaban, a no ser para decir el intento de homicidio perpetrado por el padre de Scott, en contraparte, en cuanto se mencionaba el nombre de Scott se habría un cúmulo notas, editoriales y comentarios en redes sociales hablando de la calidad de persona que eran él y su padre, algunos hasta mencionaban que si su madre muriera se volvería a morir de la vergüenza que éstos ocasionaban.

Andy quería que la situación estuviera de alguna forma controlada antes de tener que llevar a cabo los funerales de Josie, así que puso más agentes a investigar, necesitaba tener toda la información disponible para entender el panorama y tomar la decisión de "revivir" a Josie, aunque de alguna forma sabía que iba a ser muy complicado que los amigos de ella entendieran sus razones para hacerla pasar por muerta.

Josie vio como Andy estaba sumido en sus pensamientos, lo cual le preocupó, así que para llamar su atención dio unos pequeños golpes a la mesita que tenía a un lado, Andy la volteó a ver y le preguntó:

- ¿Qué pasa, te duele algo? ¿Quieres que llame a la enfermera? -

Josie tomó su libretita y escribió:

"No, me siento bien, gracias, pero te veo preocupado, ¿Todo bien?"

- Sí, todo bien, son pendientes artísticos - le dijo Andy a Josie cerrándole el ojo y agregó: -Dado que ha habido dos atentados en tu contra, te hemos trasladado del hospital a una casa que adecuamos para lo que necesites, aquí estarán los médicos y enfermeras a tu disposición hasta que sea necesario y te recuperes del todo, en el momento en el que estés bien, ya tú dirás que es lo que quieres hacer.

Al escuchar todo eso Josie no supo que responder, apenas conocía a Andy y no entendía por qué él y el Coronel la estaban ayudando tanto.

Andy pareció leer sus pensamientos cuando le dijo:

- Josie, tenemos pocas horas de conocernos, entiendo que tengas dudas sobre mis intenciones las cuales quiero aclarar en este momento, desde que te conocí, supe que eras una chica interesante pero mientras más platicaba contigo más me gustabas, sé que no es suficiente para que confíes en mí pero quiero que sepas que lo único que busco es tu seguridad y si algún día me aceptas, entonces buscaré algo más. Pero, si en cualquier momento te quieres ir o quieres algo, solamente dímelo y haré los arreglos correspondientes, siempre y cuando no te pongas en peligro -

"Gracias Andy, no entiendo qué hice para merecer tanto apoyo pero te lo agradezco, no sabría que hubiera hecho si no hubieran aparecido tú y el Coronel en mi vida, en serio que siempre estaré agradecida" – le escribió Josie a Andy

Después de escribir la nota y entregársela a Andy, Josie comenzó a buscar algo con la mirada en las mesas adyacentes, al no encontrarlo, escribió otra nota que decía: "Sabes dónde está mi celular"

- No, pero pediré que lo busquen – le dijo Andy mientras pensaba que necesitaba retrasar el hecho de que Josie tuviera celular, se le ocurrió algo, le diría al médico que le dijera a Josie que, por el momento, y debido al golpe en la cabeza, era recomendable que no se expusiera ni que fijara mucho la mirada, como con el uso del celular o de otros dispositivos electrónicos, con eso ganarían un poco de tiempo, gracias a Dios los amigos de Josie habían regresado a su país pero pronto llegarían de nuevo, necesitaba estar seguro de poder confiar en ellos para informarles del verdadero estado de Josie.

Como no era bueno que Josie se quedara en la casa rodeada solamente de personal médico, Andy había dispuesto que le habilitaran una habitación para él, así él podía supervisar el cuidado y al mismo tiempo irse ganando el amor de ella.

Por otro lado, en las oficinas del Corporativo Limantour, el Presidente del Consejo recibió en su celular la llamada que esperaba, en cuanto contestó, la persona del otro lado de la línea le dijo:

- Hasta ahora todo ha resultado bien, la familia de Scott y la de Josie están fuera, ahora hay que enfocarnos en poseer la tenencia accionaria necesaria para tener el control total del grupo, necesito que verifiques y me mandes los resultados de las auditorías a más tardar mañana, a partir de ahí, te daré instrucciones de cuáles serán los siguientes pasos -

- Enterado, señor, así será y estaré a la espera de sus instrucciones -

Dicho esto, ambos colgaron, el Presidente del Consejo había sido uno de los mejores amigos de los padres de Josie y se sentía impotente ante todo lo que estaba pasando, conforme pasaban las cosas, él comenzó a tener sus propias teorías, sin embargo, cuando supo del intento de homicidio que cometió el padre de Scott todas sus teorías se vinieron abajo, por un momento pensó en renunciar y vender sus acciones pero recibió una llamada que lo hizo cambiar de opinión, las cosas estaban muy

complicadas y temía que cualquier cosa que hiciera, pusiera en peligro su vida y la de
su familia.

CAPÍTULO 3. Mas tragedias

Pasaron algunos días desde que Juanjo regresó a casa y aún no podía creer que su mejor amiga hubiera muerto, se había esperado tanto para decirle que la amaba que ahora jamás tendría la oportunidad, debía vengar su muerte, quien quiera que fuera culpable, él no se detendría hasta destruirlo, su familia gozaba de buena posición económica y el poder necesario para lograrlo, así que decidió invertir todos los recursos que hicieran falta para hacer que él o los culpables pagaran por haberle hecho daño a la mujer que él amaba.

Levantó el teléfono y dio instrucciones para que se investigara todo lo referente a los negocios del Grupo Limantour y a todos los Consejeros y Socios y además que se investigara a Andy y al Coronel, terminadas las instrucciones, le marcó a Andy, aún y cuando la diferencia de horario marcaba que para Andy ya era tarde, supuso que como artista, no tendría un horario regular y que probablemente estaría despierto, por suerte así fue, en cuando Andy le contestó lo saludó y le dijo:

- Andy, perdona que te moleste y más a esta hora, pero quisiera saber qué opinas tú de lo que está pasando, con la muerte de Josie ya no pudimos hablar del asunto pero creo que debemos hacer algo para limpiar su nombre -

- No te preocupes Juanjo, no suelo dormirme temprano, en cuanto a limpiar el nombre de Josie ya nos estamos encargando de investigar, por el momento no hay nada concreto pero seguramente pronto sabremos algo, en cuando lo sepa te informo -

- Te lo agradezco Andy, supongo que tú y tu familia tienen mejores cosas que hacer por lo que en nombre mío y de mi familia, te agradecemos todo el apoyo que les has brindado a Josie -

- Nada que agradecer – dijo Andy

Juanjo esperó a que Andy dijera algo más pero éste se mantuvo callado, definitivamente Andy era alguien que debía investigar. Ambos colgaron y posteriormente Juanjo le llamó a Helia pero ella no le contestó, al poco rato le mandó un texto que decía:

"Creo que adelantaré mi viaje, si quieres, tú y tu familia se pueden ir después con mis papás en el avión de la empresa" - pero no recibió respuesta alguna

Juanjo sabía que Helia no provenía de una familia adinerada por lo que el ir al funeral de Josie les representaba un gran gasto, por ello, él se iba a hacer cargo de los gastos, Helia y su familia adoraban a Josie y siempre la habían considerado como a una hija ya que Josie había ayudado a Helia desde que se conocieron una vez en un restaurante, Helia era mesera y Josie había ido con unos amigos, entre ellos Juanjo, estaban festejando el cumpleaños de alguno de ellos, en cierto momento, Josie se paró al baño y cuando regresó llegó sumamente molesta y con una mano roja, inmediatamente Juanjo pensó que alguien la había molestado y se paró para auxiliarla, cuál sería su sorpresa cuando Josie le platicó que había golpeado a un hombre que estaba molestando groseramente a una de las meseras, Josie siempre sabía cómo defenderse pero Juanjo insistía en defenderla, lo que a Josie le causaba molestia, estaba explicándole Josie a sus amigos lo que había pasado, cuando apareció Helia para agradecerle a Josie el que la hubiera defendido pero mientras le explicaba se le salieron las lágrimas, cuando Josie se paró para consolarla, ésta le explicó que la acababan de despedir, que el muchacho había puesto una queja con su supervisor y éste para no meterse en problemas decidió despedirla, al escuchar aquella injusticia, Josie sin dudarlo, la tomó del brazo y le dijo que ella arreglaría el asunto, que ella era igual o más poderosa que ese patán, así que pidió hablar directamente con el Gerente del Restaurante, por supuesto que cuando el empleado del restaurante fue a hablar con el Gerente y mencionó el nombre de Josie este fue inmediatamente hasta donde ella estaba, Josie no esperó a que el Gerente dijera algo sino que explicó la situación y le dijo que si no recontrataban a Josie y con el doble de sueldo, ella haría que el asunto cayera en manos de la prensa, el Gerente no dudó de las intenciones de Josie e inmediatamente la recontrató y con el sueldo que Josie exigía, tener un enemigo con el apellido de Josie hubiera sido un gran error, ya le explicaría eso a los dueños, por lo pronto, el asunto estaba concluido, a partir de ahí Josie y Helia se hicieron inseparables.

Josie siempre había sido una chica de gran corazón y que jamás le importaron las clases sociales ni el poder, por lo que Juanjo sabía que para ella iba a ser muy difícil tomar las riendas del Grupo Limantour después de la muerte de sus padres, por lo que le había aconsejado que se pusiera en contacto con los abogados de su familia y con su asesor personal, Josie no lo hizo porque prefirió llamar a los de su padre, quizás si no lo hubiera hecho, ella estaría viva, pensó Juanjo, él sospechaba que alguno de ellos la había traicionado, siempre se le hizo raro que le recomendaran que tomara un vuelo comercial en vez de pedir alguna de las aeronaves de la empresa, por ahí debían empezar las investigaciones, cuando cayó en cuenta de esto, le mandó un texto al encargado de las investigaciones y le mencionó el asunto, este le respondió que iniciarían las averiguaciones inmediatamente.

Antes de irse a dormir, decidió volver a llamarle a Helia, esta vez sí le contestó, Juanjo le comentó su decisión de irse antes y de que ella se fuera con sus padres, Helia se lo agradeció pero le dijo que ella prefería irse con Juanjo, que juntos investigarían todo más rápido, Juanjo le dijo que era preferible que ella acompañara a las familias, Helia iba a decir algo cuando Juanjo le dijo:

- Te busqué toda la tarde, ¿dónde estabas? -

Helia sonriendo, pensó que por primera vez Juanjo la buscaba a ella y no a Josie le dijo:

- Estaba en casa de mis papás pero dejé mi celular cargando en la sala y no lo escuché -

-Ok, no era urgente de todas formas, que descanses – dijo Juanjo en tono casual

- Que descanses tú también ¿Nos vemos mañana? -

- No creo, mañana tengo muchos asuntos que arreglar, planeo irme pasado mañana y tengo que terminar algunas cosas -

- Ok, seguimos en contacto -

Josie colgó pero no pudo evitar sonreír, ¿será que Juanjo comenzaba a verla como ella quería?, con eso en mente cerró los ojos y se durmió.

Andy ya estaba profundamente dormido cuando su teléfono sonó, era uno de los trabajadores de casa de su abuelo que le dijo:

- Señor, perdón que lo moleste señor, pero su abuelo no se siente bien pero no nos autoriza marcarle -

- Hiciste bien en llamarme, voy para allá – dijo Andy preocupado

Se vistió rápidamente, tomó las llaves del auto y se dirigió a casa de su abuelo, afortunadamente la casa no estaba tan lejos por lo que pudo llegar mientras llamaba a una ambulancia, casi llegó al mismo tiempo que estos, su abuelo siempre había sido una persona muy fuerte pero quizás con el asunto de Josie se estaba presionando demasiado.

Los paramédicos subieron a ver al Coronel, lo revisaron y dijeron que posiblemente estaba sufriendo un infarto por lo que se lo iban a llevar al hospital, el Coronel comenzó a manotear y a exigir que lo dejaran en paz pero en cuanto vio la cara de preocupación de su nieto, decidió hacerle caso a los paramédicos.

Llegando al hospital, ya un médico lo estaba esperando, el peligro había pasado pero se quedaría en observación unos días, Andy se quedó a su lado hasta que éste lo corrió y le dijo que se fuera a acompañar a Josie, que él estaría bien.

Andy sabía que discutir con su abuelo era imposible, así que se fue no sin antes hablar con el médico y decirle que era estrictamente su responsabilidad vigilar el estado de salud de su abuelo, así que no podía dejarlo al cuidado de las enfermeras.

El médico entendió y le dijo que se quedaría vigilando el progreso del paciente, El Coronel y su familia eran los dueños del hospital por lo que el médico ya lo había decidido aun antes de que Andy se lo exigiera.

Andy regresó a la casa pero ya no pudo dormir, como no estaba en el taller tampoco podía refugiarse en su obra así que decidió leer informes de sus empresas y de las empresas de Josie.

Mientras leía, algo le llamó la atención, algo que no había visto antes, en el portafolio de inversión del Grupo, había una gran cantidad de tenencia accionaria del Grupo

Limantour ¿Qué significaba esto? ¿Por qué su abuelo estaría comprando acciones del Grupo empresarial de Josie?, por el estado de salud de su abuelo no quería comentarle nada por lo que decidió investigar por su cuenta. Su abuelo no solía tomar decisiones basadas en sus sentimientos por lo que esa inversión significaba algo más que él necesitaba saber.

Como ya era tarde, decidió que sería lo primero que investigaría al día siguiente pero por lo pronto necesitaba dormir y así lo hizo.

Al día siguiente, en cuanto se arregló fue a visitar a Josie, ésta parecía estar mucho mejor y estaba desayunando, en cuanto lo vio sonrió y le dijo en voz bajita:

- Ya casi puedo hablar -

- Me alegro mucho ¿Cómo te sientes? -

- Mucho mejor aunque algo molesta porque el doctor no me deja usar el celular-

Andy sonrió y le preguntó:

- ¿Y por qué no te deja? Si quieres yo voy y hablo con él -

- No, no es necesario, me dijo que no era bueno exponerme a los aparatos electrónicos por el golpe en la cabeza, así que supongo que tendré que esperar unos días más, por cierto ¿Sabes algo de mis amigos? -

- ¿Juanjo y Helia? – Dijo Andy en tono casual

- Sí ellos, me dijiste que estaban aquí -

- Si, estaban aquí pero regresaron unos días a su país, estuvieron muchos días aquí y como tu estabas en terapia intensiva no los dejaban verte por lo que se fueron con la intención de regresar en cuanto tú pudieras verlos -

- ¿Les pudieras hablar para decirles que estoy bien y que quiero verlos? -

- Sí claro, terminado unos asuntos que tengo pendientes le hablaré a Juanjo, seguramente se alegrará de saber que ya estás mejor -

- Gracias Andy, eres lo máximo -

Andy se alegró de saber lo que Josie pensaba de él pero necesitaba hacer más para ganarse su cariño, por lo pronto, necesitaba alejar a Juanjo y a Helia mientras sus agentes se aseguraban de que eran de fiar. Se despidió de Josie y se fue al taller, necesitaba terminar la escultura y algunos cuadros que serían subastados en poco tiempo.

En el taller, le mandó un mensaje de texto a uno de los investigadores para preguntarle los pasos de Juanjo y de Helia, el informe de Juanjo transcurrió sin inconvenientes no así el de Helia. El agente le dijo que Helia mantenía comunicación con alguien de la empresa de Josie, aún no tenían el nombre pero lo harían brevemente. Andy dio la orden de que apuraran las investigaciones. Con su abuelo hospitalizado, necesitaba ponerse en contacto con su mano derecha, estaba buscando el número cuando recibió una llamada de él, este le dijo:

- Señor, supe que su abuelo está en el hospital, me dirijo para allá, ya hablé con él por teléfono y me autorizó ponerlo al tanto de la situación, saliendo del hospital, si así usted lo dispone, me gustaría hablarlo con usted en persona -

Andy aceptó sin dudarlo, por lo cual le dijo que lo esperaba en el taller, mientras tanto, Andy adelantó algunas de sus obras pendientes y llamó al médico de Josie para asegurarse de que ella estuviera bien.

Andy siguió trabajando por un rato hasta que escuchó el timbre, seguramente sería el secretario de su abuelo, bajó y abrió la puerta, el secretario entró y después de saludarse le dijo:

- Su abuelo me pidió que le entregara este documento y que si tenía preguntas se las contestara – dicho esto le entregó un sobre que tenía en la mano

Ambos se dirigieron a la sala y se sentaron mientras Andy leía el documento, al terminar de leerlo le dijo:

- ¿Te dijo mi abuelo quién era su contacto en el consorcio Limantour? -

- Aún no – le contestó el secretario

- Mi abuelo me pidió que comprara acciones del Grupo pero no me dijo para qué, ahora entiendo que está protegiendo al grupo al mismo tiempo que protege a Josie y a Scott, ¿sabes por qué está protegiéndolo? -

- Según me dijo el Coronel, tenía la certeza de que el padre de Scott fue embaucado y que Scott era tan inocente como Josie y que decidió cuidarlo porque llegado el momento quizás Josie iba a necesitar que él la apoyara -

- Perfecto, ahora bien, ¿mi abuelo te contó porqué estamos ayudando a Josie? -

- No es necesario que el Coronel me lo cuente, yo lo sé, he trabajado con el casi toda la vida, pero no estoy aún autorizado a revelarlo -

- Entiendo, ¿pero me puedes decir algo que me ayude a entender? -

- Uhm es algo personal de su abuelo, lo único que le puedo decir es que él hará todo lo que esté a su alcance para que la señorita Josie esté bien y que recupere todo lo que es suyo así le cueste la vida -

- ¿Tanto así? -

- Si señor, pero, si me permite, no puedo hablar más de ese asunto -

- De nuevo, lo entiendo, no te haré más preguntas al respecto, ya que mi abuelo se recupere le haré el interrogatorio correspondiente -

- Como usted lo disponga señor, ¿tiene alguna otra pregunta? -

- Sí, ¿Cómo van los arreglos del funeral de Josie? -

- Los arreglos ya están terminados, sin embargo no se han hecho públicos porque su abuelo cree que este asunto se va a arreglar antes -

- Perfecto, cualquier cosa mantente alerta y llámame, por lo pronto, ve a cuidar a mi abuelo y no te despegues por favor -

- Así será señor, estoy a sus órdenes -

Dicho esto ambos se levantaron y el secretario se fue.

Andy volvió a leer el documento que le habían entregado, había una infinidad de información financiera de las diferentes empresas Limantour pero sobre todo de la aerolínea, Andy sabía que su abuelo quería comprarla para ampliar a la que le pertenecía al grupo pero esos informes databan de mucho tiempo atrás, mucho antes de que su abuelo pensara en adquirirla lo cual le llamó mucho la atención así que le marcó al secretario de su abuelo para saber si había algo más en lo que se debía poner atención referente a ese asunto, después de preguntarle, el secretario le dijo que su abuelo sospechaba que a través de la aerolínea se habían estado llevando a cabo operaciones ilícitas y al ver la vulnerabilidad de la aerolínea decidió comprarla.

Andy le agradeció la información pero no le cuadraba completamente la respuesta del secretario, ¿cómo se había enterado su abuelo de las operaciones ilegales? ¿quién les permitió acceso a esos informes? ¿quiénes estaban detrás de esas operaciones? Y la duda más importante ¿por qué su abuelo se interesaría en comprar una aerolínea que está enredada en operaciones ilegales?

Todas esas dudas golpeaban la cabeza de Andy, necesitaba distraer su mente para después retomar el asunto así que se dispuso a terminar la escultura que tenía pendiente. Después de muchos martillazos y cincelados, decidió que por el momento la iba a dejar así, otro día menos cansado la revisaría así que se bañó y se vistió para irse a la casa donde estaba con Josie. Al llegar, pasó a verla pero ella estaba dormida así que se fue directamente a su cuarto a revisar de nuevo todos los papeles, algo se le estaba pasando y no sabía que era.

Mientras leía los documentos, recibió una llamada de Juanjo, después de saludarse, éste le preguntó sobre los arreglos del funeral, Andy le dice casi lo mismo que le había dicho a él el secretario, claro, omitiendo la parte de que quizás no habría funeral, Juanjo le agradeció de nuevo por hacerse cargo del funeral de su amiga y le dijo que él y su familia se lo agradecían infinitamente, Andy le reiteró que no había nada que agradecer disimulando su molestia por la familiaridad con la que Juanjo hablaba de Josie y del cómo se apropiaba de ella como parte de su familia, aunque entendía que la familia siempre había sido cercana a Josie, sospechaba que Juanjo la amaba secretamente por lo que automáticamente se convertía en su rival y en alguien que debía alejar de ella. Le iba a decir algo más cuando fue interrumpido por Juanjo que le dijo:

- Yo llego mañana, no puedo permanecer con los brazos cruzados mientras unos delincuentes despojan a Josie de lo que era suyo, ¿has averiguado algo al respecto? -

- Sí, tengo información que no quería comentar contigo por teléfono, si quieres mañana nos vemos y te pongo al tanto, en cuanto llegues avísame para enviarte al chofer -

- No será necesario, pero gracias, ya mi empresa dispuso todo, la vez pasada no alcancé a hacer los arreglos necesarios pero esta vez tengo todo bajo control, te agradezco mucho tu ayuda -

- De acuerdo, si algo necesitas estoy a tus órdenes, nos vemos mañana -

- Así será -

En cuando colgó, le marcó a su investigador para preguntarle sobre Juanjo y sobre Helia de nuevo, el investigador confirmó que Juanjo era confiable pero aún no estaba seguro de Helia, requería de unos días más para cerciorarse, además, agregó que Juanjo llegaría al día siguiente a media mañana, Andy le agradeció la información y colgó.

Comenzó a leer de nuevo los expedientes de todos los consejeros del grupo Limantour, el secretario de su abuelo suponía que quien ayudaba desde adentro era miembro del consejo así que iba a leer uno por uno cada expediente, empezó por los amigos del padre de Josie, quizás alguno de ellos se había dado cuenta de lo que pasaba, buscó a los consejeros que habían ingresado al Consejo cuando nombraron al padre de Josie CEO, de todos ellos, quedaban muy pocos y ninguno tenía relación con la línea aérea, después se fue en orden de nombramiento y fue acomodándolos por quienes los habían recomendado.

Tres de ellos fueron recomendados por el actual presidente del Consejo, pero su nombramiento era algo reciente, todos habían sido ratificados por la junta general de accionistas por lo que debía ver aún más allá de lo que leía.

Su siguiente clasificación fue por edades, ahí no había grandes coincidencias, después los ordenó por profesiones o actividades profesionales, ahí vio cosas interesantes pero nada relacionado con la línea aérea, excepto por…

Iba a comparar algunas de las actividades de los principales accionistas con las de los consejeros cuando escuchó que alguien llamaba a la puerta, era una de las enfermeras de Josie, le dijo que entrara y ésta le informó que Josie había despertado y que preguntaba por él.

Andy inmediatamente dejó lo que estaba haciendo y fue a ver a Josie, tocó la puerta y esta le dio el acceso con gusto, realmente estaba aburrida, se comenzaba a sentir bien aunque aún no le permitía el médico caminar, en cuanto vio a Andy le dijo:

- Andy, estoy aburrida -

Andy sonrió, al escuchar a Josie y le dijo:

- ¿Y qué quieres hacer? -

- Quiero ver la TV pero tampoco me deja el médico, ¿qué clase de médico es este que prohíbe todo tipo de diversión? – dijo Josie visiblemente molesta

- La clase de médico que cuida a sus pacientes, supongo – dijo Andy sonriendo

- ¿Por qué no ha venido a verme el Coronel? – preguntó de golpe Josie

- Porque está fuera del país, pero me encargó que te cuidara y que te entretuviera -

- Pues no estás haciendo bien tu trabajo, estoy aburrida -

- Ok, a ver, podemos jugar ajedrez -

- No, ¡qué aburrido!, me va a doler la cabeza de tanto pensar -

- Podemos jugar "backgammon" -

- No se jugar eso -

- Ok, entonces qué te parece si platicamos, tengo mucha curiosidad sobre tu vida y tus amigos, cuéntame qué estudias -

- Estudio Comercio internacional, pero al mismo tiempo estudio leyes -

- Dos carreras al mismo tiempo ¿no se te hace una locura? -

- En realidad no, el comercio internacional lo aprendí con mi padre, mucho de lo que enseñan en la universidad yo ya lo sé pero mi padre se empeñó en que yo estudiara

esa carrera cuando realmente yo siempre quise estudiar leyes, así que estudié las dos
-

- ¿Y cuándo te gradúas? -

- En cuanto me manden la confirmación de la entrega de las tesis de cada una de las carreras y me den mi título -

- Perfecto, o sea que una vez confirmada la recepción ¿ya podemos decir que te graduaste? -

- Se podría decir que sí -

- Entonces habrá que festejar ya que te sientas bien -

- No tengo humor de festejar nada pero gracias -

- Claro que no, hay mucho que festejar, sobre todo que estás viva -

- Ya veremos Andy – dijo Josie

Andy estaba platicando con Josie cuando sonó su celular, vio el registro de llamadas, era el investigador, se disculpó con Josie y salió del cuarto para hablar con él, el investigador le comunicó que estaba aterrizando el vuelo de Juanjo, ya tenían personal asignado para seguirlo hasta el hotel y todas sus actividades quedarían registradas, incluyendo las llamadas. Andy le dio las gracias y colgó.

Fue al cuarto de Josie y se despidió diciéndole que tenía que trabajar un rato, la realidad era que quería ir al hospital a ver a su abuelo, cuando llegó, su abuelo ya estaba gritándole a las enfermeras ordenando que lo dieran de alta, estaban algunos de sus nietos tratando de que se calmara sin éxito, en cuanto llegó Andy todos se quedaron quietos, Andy se dirigió al Coronel y le dijo:

- Abuelo, aun no te pueden dar de alta y lo sabes, deja que terminen los estudios y ya después yo paso por ti y vamos a casa -

- Que estudios ni que ocho cuartos, yo ya me voy – dijo el Coronel

- Abuelo, si te dan de alta hoy mañana vas a tener que regresar para que te hagan los estudios, además te tengo noticias, ¿qué prefieres? ¿Te las digo o las reservo hasta que aceptes quedarte un día más? -

El resto de la familia permaneció callado viendo como el único que podía hablar razonablemente con el Coronel era Andy, por ello, muchos de la familia le tenían envidia y hasta rencor, seguramente Andy heredaría la fortuna del Coronel, pensaban muchos de ellos.

Andy les pidió a los familiares que lo dejaran solo con el abuelo, que él intentaría convencerlo, pero que primero necesitaba tranquilizarse y la presencia de todos lo alteraba un poco, ellos accedieron de mala manera, a excepción de una de las primas de Andy que siempre mostró gran cariño por el abuelo y no se dejó influenciar por la arpía de su madre, como le llamaba el Coronel.

Una vez a solas con el Coronel, Andy le comentó sus hallazgos en referencia a la línea aérea y la posible conexión que pudiera haber entre esta empresa y las empresas de transporte, parecía que había carga ilícita pero aún no daba con toda la operación y los involucrados.

El Coronel no se sorprendió, cosa que ya esperaba Andy, y le dijo que él ya había encontrado ese problema y que precisamente era de eso que quería salvar a Josie y a Scott, que además tenía gente infiltrada en las empresas Limantour que estaban por descubrir quienes participaban en el negocio en el que querían involucrar al papá de Josie y a la familia de Scott, pero algo cambió en el camino y fue cuando intentaron asesinar a Josie, así que todo el panorama había cambiado de un día para otro.

Andy le comentó además que Juanjo ya estaba de nuevo en la ciudad, que sus investigadores decían que era gente confiable y que estaba investigando sobre la muerte de Josie, quería vengarla, Andy compartió la reflexión con su abuelo de que eso sería un gran problema porque la venganza nubla la inteligencia, por lo que estaba pensando en hablar seriamente con él y decirle que Josie estaba viva, sin embargo, no quería hacerlo porque Helia aún no se sabía si era confiable o no, de hecho, los investigadores sospechaban que no lo era.

El abuelo le recomendó que no le informara, por el momento, por lo menos hasta no saber que planes tenía él y qué relación tiene con Helia, Andy estuvo de acuerdo.

El siguiente punto era Josie, no podía retrasar mucho que ella quisiera comunicarse con sus amigos, por lo pronto estaba cubierto, pero no por mucho tiempo, así que las cosas se iban a complicar mucho si no le daban pronto acceso a su celular.

El abuelo comprendió la urgencia de tener información con la que ya pudieran actuar, por lo que le recomendó a Andy que hablara con Scott, fuera de su mal carácter no era una mala persona.

Andy entendió que necesitaban aliados para desmadejar todo lo más pronto posible por lo que accedió a la recomendación de su abuelo, aunque de mala gana, Scott había sido su amigo pero con el tiempo había cambiado tanto que le parecía insoportable.

CAPÍTULO 4. Problemas en el Corporativo

Ese mismo día en las oficinas del Corporativo Limantour uno de los Directivos que estaba caminando de lado a lado de su oficina, las acciones del grupo las estaba comprando alguien que estaba cubriendo muy bien sus pasos, se le habían girado instrucciones de que en cuanto bajaran las acciones se compraran a través de un fideicomiso ciego, el Director no sabía a ciencia cierta quienes eran los beneficiarios pero esa había sido la orden que se le había dado, a él no le gustaba lo que estaba pasando, al principio aceptó porque le ofrecieron una buena cantidad de dinero mensual y una de sus hijas estaba muy enferma pero ahora, que las cosas iban más allá de las que él había aceptado, en cuanto supo que primero se culparía al padre de Josie él no quiso seguir, sin embargo, lo amenazaron con hacerle daño a su familia, ahora que Josie estaba muerta y que además le habían tendido la trampa a la familia de Scott para él ya fue demasiado, el padre de Scott había sido un buen amigo de él, pero cuando el padre de Josie y el padre de Scott discutieron, este último había sufrido un ataque al corazón mientras conducía el auto, después del accidente jamás volvió a ser el mismo, Scott era el único hijo y se hizo inmediatamente cargo de los asuntos de su padre y aunque era muy impulsivo y hasta pedante siempre actuó de forma honesta y honorable, por un momento pensó en confesarle a Scott lo que pasaba en la empresa pero aparentemente quienes estaban detrás de todo, lo tenían vigilado, así que al final renunció a la idea. Sin embargo, cada día que pasaba lo ponía más nervioso, si alguien se daba cuenta de lo que realmente pasaba con algunas empresas del Grupo pasaría muchos años en la cárcel y su familia quedaría desamparada y deshonrada.

En las afueras de la ciudad, un selecto grupo de hombres y mujeres discutían las acciones a seguir, una vez que Josie había fallecido, todo sería aparentemente más fácil pero no contaban con que Scott no aceptara que su padre quiso asesinar a Josie por lo que comenzó a investigar, por ello, para que tuviera los menos recursos posibles, decidieron involucrar a su familia con la estafa y con todo lo que estaba alrededor de los cargamentos ilegales, nadie debía saber lo que se transportaba más que ese pequeño grupo, si no, todos ellos y sus familias corrían peligro de muerte, la gente con la que estaban haciendo negocios no se tocaría el corazón por nada.

El primero que habló fue Carlos, un hombre de aproximadamente 60 años que había sido accionista y consejero del grupo por muchos años, sin embargo, siempre quiso aprovecharse de los negocios colaterales que se podían hacer, cosa que el Consejo de Administración jamás aceptó, desde la fundación de las empresas del Grupo se había dictado un algo código de ética y de honorabilidad, el socio fundador era antepasado de Josie y fue quien dictó la misión, la visión y el código de ética, a partir de ello, las empresas comenzaron a crecer y formaron lo que ahora se llamaba Grupo Limantour, uno de los grupos empresariales más fuertes del continente.

Carlos estaba sentado en la cabecera de la mesa, observó a todos que no dejaban de hablar, se paró y dijo:

- Dejen de parlotear, lo que está pasando es solamente un inconveniente, no se han vendido los suficientes paquetes accionarios para que alguien reclame el derecho de minorías así que aún tenemos el control, lo que necesitamos es nulificar a Scott y poner más vigilancia en el "Hub" de la línea aérea, estamos a punto de comprar un astillero y una compañía naviera para fortalecer las operaciones alrededor del mundo, el otro asunto a cubrir es la muerte de Josie, debemos obtener los videos y toda aquella información que pudiera ligarnos con el asesinato.

El otro asunto, está completamente finiquitado, aunque mis contactos en la policía me dicen que alguien comenzó a investigar el accidente de Limantour, están protegiendo la información por lo que será casi imposible que lleguen a otra conclusión que no sea que fue un accidente.

Ahora bien, parece ser que el Director de Finanzas está comenzando a temblar, necesitamos ajustar algunas tuercas ahí o definitivamente tomar una decisión más drástica-

Uno de los presentes les recordó que quizás era el momento de prescindir de sus servicios, ya con anterioridad había dado muestras de flaqueza y hasta de cobardía y se había ajustado pero ahora, era muy peligroso que alguien filtrara información o que hiciera algo y el Director sabía demasiado. Con excepción de uno de los presentes, todos estuvieron de acuerdo, él comentó:

- No creo que sea momento de que alguien investigue al Director de Finanzas, si éste muere podemos levantar sospechas, yo recomiendo que se hable con él y se le recuerde cuál es su posición y el riesgo que corre si nos traiciona -

- De acuerdo, dijo Carlos, no creo que sea momento de que haya más muertes, han sido muchas en poco tiempo y no debemos levantar sospechas. ¿Alguien sabe cuándo y dónde velarán a Josie? -

- Creo que los funerales se llevarán a cabo en un mes, como dicta la costumbre local, por lo que aún no hay ni fecha ni lugar, aunque supongo que será una ceremonia pequeña, ella no tenía muchos amigos aquí y sus padres ya fallecieron, los funerales los deben de estar organizando sus amigos o el propio Scott, aunque esto último no sería muy factible debido a lo que hizo su padre -

- Perfecto, encárgate de investigarlo y nos das la información en cuanto la tengas, todos debemos asistir, a final de cuentas, era la última heredera con el apellido Limantour – aclaró uno de los presentes

- No olvidemos que Scott a fin de cuentas es un Limantour, aunque no lleve el apellido, es hijo de la hermana del padre de Josie – dijo otro de los presentes

- Nadie lo olvida, pero ya eliminamos la posibilidad de que acceda a los bienes de la familia Limantour – dijo Carlos

- Hay algo que me gustaría comentarles – dijo otro más de los asistentes, esta vez una mujer -

- Supe que Josie murió en el hospital de la familia De la Garza ¿Alguien de ustedes sabe cómo llegó ahí? -

La pregunta tomó por sorpresa a todo el Grupo, realmente nadie sabía cómo ni quién la había llevado, por lo que Carlos dijo:

- No, encárgate de averiguarlo -

- Perfecto – dijo ella

- ¿Alguien más quiere comentar algo o agregar información? -

Nadie dijo nada.

Entonces, demos por terminada esta reunión, cada uno sabe cómo salir de aquí y como llegar a sus respectivos trabajos sin levantar sospechas, sigan los protocolos establecidos y no pasará nada, al primer que los viole, ya saben las consecuencias.

Uno por uno salieron todos los presentes, solamente se quedó Carlos para hacer unas llamadas, tomó un celular satelital que no podía ser rastreado y marcó un número, la persona del otro lado de la llamada le contestó diciendo simplemente - te escucho-, Carlos le dio un breve informe de lo que acababa de ocurrir en la reunión sin mencionar el asunto de cómo había llegado Josie al hospital, primero debía tener la información precisa y ver si no ocasionaba algún problema lo que se averiguara al respecto, cuando terminó el informe, le giraron las siguientes instrucciones:

- Averigua cuanto antes quienes de los amigos de Josie vendrán a su funeral y cuál es su nivel - Carlos escuchó la orden y dijo:

- Enterado, en cuanto lo tenga, le informo señor -

Acto seguido, la llamada terminó.

Carlos salió del lugar y siguiendo los protocolos, fue rodeando hasta llegar a una oficina de enlace donde recogió su celular y se dirigió a su oficina, su oficina quedaba en las afueras de la ciudad por lo que iba a tardar un poco en llegar. Sus empresas habían sido socias del Grupo Limantour por muchos años, ambas familias habían sido amigos desde siempre, primero empezaron como proveedores y con el paso del tiempo algunas de ellas se fusionaron con algunas de las empresas del Grupo Limantour, eso le había traído un gran prestigio y habían ganado un sinfín de clientes, pero también de enemigos.

Algunos años atrás, el padre de Carlos cometió un error con un embarque por lo que estuvo al borde de la quiebra, para poder pagar el daño tuvo que pedir algunos favores y hacer negocios con gente inadecuada, con el tiempo, esos negocios fueron subiendo en grado de complejidad y de ilegalidad, sin embargo, una vez dentro, solamente se podría salir en un cajón de madera, o al menos eso le dijeron a él en múltiples ocasiones, por lo que decidió continuar e involucrar a la línea aérea propiedad del Grupo Limantour, al principio, eran pequeños embarques, pero una vez que se tejió la red completa, cada vez eran más y más frecuentes, dentro de la base del personal que los protegía, estaba desde estibadores, pescadores y todo tipo de personas que deambulan por los puertos, que eran los ojos y oídos en cada uno de ellos hasta oficiales, militares y políticos, en el caso de la línea aérea no era diferente, tenían personal en todo tipo de actividades.

El padre de Carlos poco a poco fue involucrando a algunas personas de las empresas Limantour, sin embargo, por el alto código ético no era fácil, prácticamente todos trabajaban bajo amenaza, lo cual no los hacía muy confiables, de hecho fue una de ellas la que le informó al padre de Josie y puso en riesgo toda una cadena de suministros y negocios ilícitos, no podían dejar que comenzara a investigar por lo que lo amenazaron, éste jamás aceptó las amenazas y aceptó el riesgo aunque este fuera hacerle daño a su familia, él dijo que el honor era primero que la muerte, aun así, escondió a su hija tanto tiempo como pudo, su hija prefería tener el perfil muy bajo por lo que no le fue difícil, inclusive había usado el apellido de su madre durante todo ese tiempo, solamente sus amigos más cercanos sabían a ciencia cierta quién era ella.

El padre de Josie tenía como norma y por seguridad, mandar investigar a todo aquel que se acercara a su hija, por ello, algunas de sus amistades fueron realmente pasajeras, algunas otras simplemente se fueron separando y los que realmente quedaron eran amistades sinceras y desinteresadas.

Josie tenía la costumbre de visitar a su abuela con mucha frecuencia, lo que ponía a su padre a temblar cada vez que lo hacía, ya que su abuela vivía en una de las principales ciudades y era muy complicado mantener a Josie fuera del rastreo de sus enemigos o de la prensa, sin embargo, la mayoría de las veces se logró con éxito, las pocas ocasiones en las que no, fue con la prensa y se pagaron sus servicios de forma muy generosa, en cuanto a los enemigos, simplemente eran entregados a la policía, el padre de Josie siempre mantuvo contacto con todo tipo de personal de seguridad, de la milicia y de la política, no solamente por mérito propio sino porque su esposa, la madre de Josie, provenía de una rama militar muy importante. Cuando la abuela de Josie falleció, fue muy difícil lograr que no fuera al funeral, así que asistió pero por solo unos momentos, fue tan doloroso para Josie que prefirió regresar a casa, lo que facilitó nuevamente las cosas para su padre.

CAPITULO 5. Conspiración

El padre de Josie estaba investigando quienes estaban involucrados con los negocios ilícitos en su empresa y en qué autoridades se podía confiar cuando fue asesinado junto con su esposa, para los medios de comunicación, había sido un accidente como cualquier otro, pero, para la policía fue evidente que era un asesinato, sin embargo, todo el asunto quedó encubierto y se borró o destruyó todo tipo de información que hiciera pensar lo contrario. Los agentes que llegaron primero al lugar del incidente fueron trasladados y algunos de ellos hasta ascendidos por lo que no quedaba nadie que pudiera dar informes, si es que alguien preguntaba. Por ello cuando a Carlos le informaron que había una persona averiguando sobre el accidente, éste permitió que las investigaciones siguieran su curso, sin embargo, él no contaba con el hecho de que una oficial era novia de uno de los oficiales que fue trasladado y éste le contó todo lo referente al accidente y su sospecha de que habían sido asesinados, cuando fue trasladado en circunstancias poco usuales, ambos sospecharon que se estaba cubriendo el caso por lo que ambos permanecieron callados, hasta que alguien, con el suficiente poder, hizo que ella hablara y que le diera el acceso a platicar con el oficial. Carlos estaba tranquilo, sin saber, que ya alguien conocía la verdad sobre ese supuesto accidente.

Al otro lado de la ciudad, Andy se preparaba para ver a Juanjo en el taller, lo había citado ahí en el caso de que pudiera revelarle la verdad sobre Josie pero sus investigadores todavía no le daban luz verde al respecto. Andy aguardó pacientemente a que Juanjo llegara, en cuanto el agente le informó que estaba por llegar, se cambió de ropa, de alguna forma él sabía que tenía que justificar su cercanía con Josie y lo único que se le ocurrió fue decir que su abuelo era quien había insistido en que se conocieran, lo cual no era del todo mentira.

Ya con la coartada en mente, el resto de la historia podría ser creíble, entre menos mentiras dijera, más creíble sería.

En cuanto llegó Juanjo, éste le dio un recorrido por el taller para romper el hielo, luego subieron a su departamento y ahí comenzaron a hablar. Andy esperó a que Juanjo se sincerara y que fuera él quien hiciera las preguntas, una vez que éste le reveló sus intenciones, la forma en la que actuaría y le hizo unas pocas preguntas, éste esperó a que Andy hablara. Ambos estaban bebiendo whiskey por lo que sabían que la charla sería larga, Andy le explicó por qué estaba cerca de Josie cuando todo pasó y como alcanzó a salvarle la vida la primera vez, no así la segunda, le fue explicando con lujo de detalles lo que había ocurrido días anteriores a su muerte, omitiendo claro está, el detalle de que estaba viva, mientras más le contaba Juanjo mejor entendía que probablemente Andy estaba enamorado de Josie y que su dolor sería igual de grande que el suyo, por lo que decidió confiar en él. En cierto momento de la plática, Andy involucró a Helia para conocer la relación que había entre él y ella, Juanjo le dijo que era una de las mejores amigas de Josie y por ello siempre la consideró su amiga, que no había nada más, pero no le dijo que era imposible que hubiera algo más porque estaba perdidamente enamorado de Josie.

Andy comprendió que Juanjo siempre estuvo enamorado de Josie por lo que entendía que este quisiera vengar su muerte, pero la forma en que estaba elaborándola venganza no era la correcta ya que él no estaba enterado de que los padres de Josie habían sido asesinados y de que seguramente el o los enemigos estaban infiltrados en el corporativo y las empresas del Grupo Limantour, además tampoco sabía que ellos habían descubierto que se llevaban a cabo cargamentos ilícitos usando la línea aérea y culpando a algunas de las empresas o personas del Grupo, entre ellos al padre de Josie y al padre de Scott.

Andy puso al corriente a Juanjo de todo esto y después le dijo:

- Entiendo que quieras vengas su muerte, pero esto es más grande de lo que tú o yo pudiéramos hacer, necesitamos tiempo para planear la venganza, si juntamos nuestros recursos con los de Scott seguramente algo vamos a lograr -

- De ninguna manera, no confío en Scott, su padre quiso asesinarla -

- No estamos tan seguros de ello Juanjo, el padre de Scott no está bien, su cerebro sufrió grandes daños después de un accidente, por lo que sospecho que fue usado para llevar a cabo tal atrocidad y cargar completamente con la culpa– aclaró Andy

- Podrás decir lo que quieras, inclusive si eso fuera verdad, Scott nunca quiso a Josie, siempre la trató mal y hasta se burlaba de ella, si Josie viviera, no querría que él participara en nada que tuviera su nombre -

- Pero ella ya no vive Juanjo, necesitamos a Scott para lograr nuestros objetivos, él también fue emboscado por las mismas personas que Josie y seguramente quiere que le devuelvan su fortuna así como el poco honor que le queda a su familia – dijo elocuentemente Andy

- Te entiendo, déjame pensarlo por favor, por lo pronto aquí te dejo los informes de mis agentes y espero tú me proporciones los tuyos – le dijo Scott a Andy

- Claro, aquí los tienes – dijo Andy entregando una memoria electrónica.

Andy ya había preparado esos documentos con anterioridad en caso de que Juanjo fuera confiable, pero no le entregó todo, no sabía que tan precavido era y temía que esa información cayera en malas manos.

Mientras platicaban, Juanjo recibió una llamada de Helia, éste la contestó de inmediato y ella le preguntó cómo iban las cosas, Juanjo le iba a contar lo que Andy le acababa de decir cuando éste le dijo:

- No creo que sea prudente tratar el asunto por teléfono -

Helia escuchó la voz de Andy y le preguntó a Juanjo si estaba con él, éste le dijo que sí y ella ardió en cólera, le reclamó que porqué confiaba en él y que no le hubiera informado que ahora fueran aliados, Juanjo se justificó y le explicó que había investigado a Andy y este estaba completamente limpio.

Aún con esa información, Helia estaba muy molesta pero no pudo decir más ante los comentarios de Juanjo y además porque Andy podría escucharla, a Helia no le gustaba que un hombre tan poderoso estuviera tan cerca de su amiga y mucho menos casi le hubiera salvado la vida, su amiga era muy inocente y ese tipo de hombres tendían a abusar de una persona como ella, pero eso ya no se lo dijo a Juanjo, se lo diría en cuanto lo viera pero aún faltaban muchos días para ello.

Juanjo le preguntó a Helia sobre sus padres ya que Helia los veía con cierta frecuencia después de que la aceptaran como empleada en el corporativo, Helia le dijo que su padre estaba trabajando horas extras y que su madre siempre se aseguraba de que éste descansara, ya sea pasando por él para ir a comer o llamándolo constantemente para que fuera a casa.

Juanjo estaba orgulloso de sus padres y de su relación, él pensaba que esa misma relación podría tener con Josie, pero ahora iba a ser imposible, le habían arruinado su futuro y esto no iba a quedar impune.

Ambos se despidieron y quedaron de hablar otro día. En cuanto colgó Andy le preguntó sobre el enojo de Helia y este le explicó que Helia siempre había sido sobre protectora con Josie, que no se preocupara, que una vez que lo conociera mejor ella iba a confiar en él. Juanjo no sospechaba ni por error, que Helia siempre estuvo enamorada secretamente de él, ni Josie estaba enterada ya que Juanjo provenía de una de las mejores familias de la ciudad y ella era una persona humilde, sabía que los padres de él jamás la aceptarían, pero eso no mermaba su amor por él.

Helia estaba muy enojada, Juanjo estaba confiando muy rápido en alguien que realmente no conocía, para ella era muy raro que él estuviera presente precisamente en el momento en el que Josie fuera herida y que casualmente la llevaran al hospital de su familia donde finalmente, fruto de otro atentado, ella moriría. Esas eran demasiadas casualidades para ella, sin embargo, ella jamás supo que a Josie le gustaba Andy y que si hubieran tenido más tiempo juntos seguramente se hubieran enamorado, para Helia era un extraño, muy poderoso, pero un extraño al fin. Y ni hablar del Coronel, a ella también le llamaba la atención que un hombre de su edad quisiera proteger a una joven y bella mujer como lo era Josie, sin contar que era sumamente acaudalada lo que, si se hubiera sabido, la hubiera hecho un buen objetivo para algunos grupos delincuenciales.

Estos eran sus pensamientos cuando Helia recibió la llamada de un hombre, este le dijo que la extrañaba y que quería verla, Helia no lo quería pero al saber que Juanjo jamás se fijaría en ella decidió decirle que sí, este era un hombre más grade que ella y trabajaba en la base del Grupo Limantour en la ciudad, siempre había sido bueno con ella por lo que ella mantenía la relación con él, últimamente se había vuelto algo demandante pero desde la muerte de Josie se había ido alejando, ella supuso que era porque tenía más trabajo pero pronto iba a saber la verdad.

Helia se comenzó a arreglar para ir a cenar con él, al día siguiente tenía mucho trabajo por lo que regresaría a su departamento a dormir, necesitaba despejar su mente así que cenar con él parecía una buena idea.

Cuando terminó de arreglarse ya estaba él abajo, ella bajó y lo saludó cariñosamente, ambos charlaron un poco mientras se subían al coche, cuando ambos estaban instalados él arrancó el coche rumbo al restaurante, ella iba platicando de lo que había hablado con Juanjo y de lo poco que le gustaba Andy de la Garza, en el momento en el que mencionó su nombre, el hombre junto a ella se puso tenso. Le estaba costando un gran esfuerzo disimular que la noticia le había caído por sorpresa. Afortunadamente Helia estaba tan enojada que no se fijó en la cara de su acompañante, quien sabía perfectamente que detrás del cariño de ella por Josie había una gran envidia y siempre se aprovechó de ello para sacarle información, esta vez haría algo más y sabía que ella estaría dispuesta a ayudarle si con ello lograba el amor de Juanjo, él también sabía del amor secreto que ella sentía por Juanjo y jamás le importó, su relación con ella era simplemente para conseguir información de Josie, en el momento en el que ya no fuera útil la dejaría sin más.

Ajena a los pensamientos de Max, Helia continuó hablando de Juanjo, de Andy y de Josie, Max le ponía atención porque necesitaba saber quiénes irían al funeral de Josie pero ahora tenía más información de la que le habían pedido y eso era muy valioso.

Helia estaba contenta de tenerlo a él cerca, aunque no era tan acaudalado como Juanjo, gozaba de una buena posición económica y había sido bueno con ella al ayudar a sus padres cuando ella lo necesitó, de hecho eso fue lo que hizo que ella decidiera andar con él aunque sus padres, si lo conocieran, no lo hubieran aprobado. Ella jamás le contó a Juanjo y mucho menos a Josie nada acerca de esa relación, soñaba con el hecho de que alguna vez Juanjo se podría fijar en ella y vería lo buena mujer que podría ser, así que prefirió mantener su relación en secreto, se lo había comentado a Max con el pretexto de que ella no quería que sus padres supieran que tenía novio y por supuesto Max aceptó la idea de ser el novio secreto de Helia.

Helia era una mujer que no destacaba por su belleza, no era fea pero su personalidad hacía que pasara desapercibida, ella solía ser tímida y nerviosa pero a raíz de su amistad con Josie, había adquirido mayor seguridad, su trabajo en el Corporativo propiedad de la familia de Juanjo la hacía aún más valiosa para Max, en caso de necesitarlo, mataría dos pájaros de un solo tiro.

Ambos cenaron y charlaron como una pareja normal, cuando Helia le pidió a Max que la dejara en su casa éste fingió estar molesto y después de una explicación convincente, aceptó, fingiendo resignación.

Max fue a dejarla a su casa y posteriormente hizo una llamada donde rindió su informe, omitió la parte donde se hablaba de Andy, eso él creía que valía más de lo que ya le estaban pagando, así que al día siguiente pediría ser recompensado.

El trabajo de Max en las oficinas del Grupo Limantour era muy sencillo, solamente se encargaba de capturar los embarques en el sistema por lo que no requería de gran preparación y su sueldo no era gran cosa, sin embargo, cuando le ofrecieron más dinero a cambio de información, aceptó gustoso, siempre había sido una persona ambiciosa y perezosa por lo que el dinero fácil resultaba una buena oportunidad para él. Después de dejar a Helia, se fue directamente a un bar donde quería festejar su buena suerte y de paso probar, esa noche, si pudiera tener aún más.

Cuando Helia llegó a su casa sus padres ya estaban dormidos por lo que se dirigió a sus aposentos, su casa era pequeña y en un barrio de clase media baja, no estaba orgullosa de ello, sin embargo, sus padres habían trabajado horas extras para darle a ella y a sus hermanos las oportunidades que ellos jamás tuvieron, desgraciadamente, su hermano mayor después de juntarse con los pandilleros del barrio había sido asesinado en un pleito de pandillas y su hermana menor no había querido continuar con sus estudios, en lugar de eso, quedó embarazada muy joven por lo que se había casado con un tipo que a duras penas podía darle de comer a ella, mucho menos a sus hijos, sin contar que cuando bebía tenía la mala costumbre de golpearla. Así que la esperanza de la familia era ella. Para sus padres ella era la hija perfecta, había terminado una carrera, tenía buenas amistades, inclusive amistades muy adineradas que estaban dispuestos a darle las oportunidades que la vida a ellos les había negado, así que, Helia sabía que sus padres contaban con ella para salir un poco de la pobreza en la que vivían.

Helia jamás había querido pedirle favores a Josie y mucho menos a Juanjo, pero cuando su padre cayó enfermo, necesitaba un mejor trabajo y se lo comentó a Josie, esta se lo dijo a Juanjo y en un abrir y cerrar de ojos ya tenía un empleo mejor y muy bien pagado.

Helia estaba cansada, antes de irse a dormir revisó su teléfono por si tenía algún mensaje de Juanjo, pero no fue así, desilusionada, se preparó para dormir.

CAPÍTULO 6. Josie

Josie se despertó sintiéndose mucho mejor, el médico le había dicho que muy pronto podría salir a caminar, la enfermera le dio los buenos días y revisó sus signos vitales, la recuperación de ella iba bastante bien, al poco rato llegó el médico y revisó las heridas, definitivamente, Josie había tenido mucha suerte.

Josie le volvió a preguntar al médico cuando tendría ya oportunidad de usar su teléfono celular y él le dijo que quizás en unos quince días más, la realidad es que no había inconveniente en que lo hiciera, con moderación, sin embargo, por instrucciones de Andy, debía retrasar ese momento, Josie aceptó la recomendación del médico, ya solamente eran unos días más, quería sentirse bien y retomar su vida.

Mientras desayunaba, llegó Andy, su visita alegró el día, Josie sabía que él se había mudado a la casa para estar cerca de ella, lo cual la hizo sentir segura, su cercanía la hacía sentirse bien, Andy había hablado con el médico y éste le recomendó que Josie comenzara a dar pequeños paseos en el jardín, la casa era lo suficientemente grande como para que ella pudiera disfrutar los paseos, había muchas flores y hasta un estanque, Josie disfrutaría mucho salir un rato, por ello, Andy le sugirió que fueran a dar un paseo, Josie aceptó de inmediato, pero en cuanto quiso pararse sufrió un mareo, de no ser por los brazos de Andy hubiera caído al suelo, por unos minutos él disfrutó tenerla cerca, cuando la volteó a ver ella se sonrojó, lo que hizo que Andy sonriera. Andy volvió a poner a Josie sobre la cama y le pidió a la enfermera que le pasara una silla de ruedas, Josie todavía estaba débil y tenía muchos días acostada, sería mejor pasear en silla de ruedas y poco a poco ayudarla a que recuperara la movilidad, Josie estaba feliz al lado de Andy, salvo con sus padres, jamás se había sentido tan segura, en cuanto la enfermera acercó la silla de ruedas, Andy la tomó de nuevo en sus brazos y gentilmente la levantó hasta acomodarla en la silla, Josie estaba tan feliz que no dijo nada, se sentía tan bien estar cerca de él que olvidó por un momento que casi era un extraño, un extraño que la cuidaba con tanto amor que pareciera que sintiera algo por ella, o al menos esa era la ilusión de Josie. Mientras empujaba la silla de ruedas para salir al jardín, Andy le platicaba que el Coronel no tardaba en llegar de su viaje, que probablemente al día siguiente la visitaría, eso alegró mucho a Josie, ambos platicaron un rato sobre el Coronel, ella haciendo preguntas y él contestándolas, posteriormente Josie comenzó a platicarle como había sido su vida mientras vivía con sus padres, ellos siempre la habían consentido por lo que fue muy difícil irse para estudiar lejos de ellos, por suerte la abuela vivía relativamente cerca así que ella iba a visitarla con mucha frecuencia, muchos de sus amigos de la infancia se habían ido a estudiar al extranjero como ella pero a las grandes ciudades, ese no era su caso, su padre había preferido que se fuera a un internado en una ciudad más pequeña, menos peligrosa, además apenas cursaba los estudios pre universitarios por lo que él decía que era aún muy joven para vivir sola, ella sentía que a él le obsesionaba su seguridad, aun en el internado, siempre tenía guardaespaldas y si salía estaba siempre el chofer esperándola, lo que era muy molesto para ella, Josie estaba cansada de tanta vigilancia por lo que, cuando llegó la hora de irse a la Universidad, ella habló con su abuela y le pidió que intercediera por ella ante sus padres y les pidiera un poco de espacio y la posibilidad de irse a estudiar donde ella quería, ellos accedieron parcialmente, iban a mantener los guardias de seguridad, pero de forma discreta, Josie estaba feliz, por fin podría ir y venir con más libertad; al igual que en el internado, en la Universidad ella usaba el apellido de su madre para no llamar tanto la atención, si usara su apellido, seguramente sería tratada como "VIP" y a ella ese trato no le gustaba, ella prefería tener bajo perfil y gozar de la libertad que eso conlleva.

En la universidad Josie conoció a Juanjo, ya que ambos estudiaban comercio internacional, aunque él era algunos años mayor que ella, al principio Juanjo tenía las mejores calificaciones pero poco a poco Josie fue rebasándolo lo que inició una rivalidad amistosa entre ambos, en un curso de legislación aduanera, el profesor encargó un trabajo en equipo, Juanjo le pidió ser su compañera y ella accedió, mientras hacían el trabajo, Juanjo se enteró que ella además estudiaba leyes lo que facilitó enormemente las cosas, así que comenzaron a tener bastante tiempo para conocerse, en una ocasión, necesitaban información sobre unos documentos que iban a anexar al trabajo, Josie acompañó a Juanjo a recogerlos, ahí fue donde Josie supo que Juanjo era el hijo de Juan José Escutia, dueño del Corporativo naviero más grande del país, y como ella, él usaba el apellido de su madre mientras estudiaban, después de ello, Josie le dijo su verdadero nombre y ambos fueron amigos inseparables, podían ser ellos mismos sin preocuparse de que les dieran trato especial o de que los buscaran por interés, poco a poco Juanjo se fue enamorando de Josie pero no encontraba el momento para decírselo, además tenía miedo de que una vez que se lo dijera pudiera perder su amistad, así que siempre retrasaba el momento para decirle.

Josie estaba hablando de Juanjo y las aventuras que habían corrido en la Universidad, conforme ella le platicaba, Andy se ponía cada vez más celoso, él no quería a ningún hombre cerca de ella, en cierto momento, Andy se acercó a ella y se puso en cuclillas, cuando su cara estuvo casi a la altura de la de ella le dijo:

- Josie, quiero que sepas algo ¿sabes por qué estoy viviendo aquí, en esta casa? -

-Sí, -dijo ella y agregó: -porque tu abuelo te pidió que me cuidaras -

- Bueno, aparte de eso – dijo él sonriendo

- No, no sé a qué te refieres – dijo ella

- Estoy aquí cuidándote porque estoy enamorado de ti y si algo te pasa yo no me lo perdonaría nunca – dijo él seriamente y viendo a Josie a los ojos

Josie no supo que decir, su cara de asombro y sus ojos tan abiertos hacían que se viera muy graciosa por lo que Andy sonrió y le dijo:

- Estoy enamorado de ti y me gustaría saber si tú algún día te podrías enamorar de mí -

- Este… uhm… Andy, pero tú como artista eres un mujeriego, no niego que me gustas pero yo no podría amar a alguien que tiene más mujeres que ropa -

- Yo no soy así, eso no es cierto, mi vida no es como dicen en las revistas y en los medios de comunicación, realmente yo no tengo más mujeres que ropa como tú dices -

Como hecho adrede, el celular de Andy sonó y Josie alcanzó a ver un mensaje de Rebecca, su exnovia, Andy no esperaba ni por error una llamada de ella, su relación había terminado de forma muy dolorosa para él, el mensaje decía:

"Estoy en la ciudad y necesito verte"

Andy leyó el mensaje pero decidió no responderle, al menos no por el momento. Josie al ver que él no contestaba le dijo:

- Ves, me dices que no andas con muchas mujeres y de pronto aparece un mensaje de una de ellas diciendo que quiere verte -

- No es lo que crees, ella no es lo que piensas– le dijo él sin saber a ciencia cierta qué decir.

Josie notó su nerviosismo y le dijo:

- Anda, puede ser algo importante, contéstale -

Andy no quería ver a Rebecca y mucho menos mantener contacto con ella, pero tampoco quería que Josie creyera que Rebecca significaba algo para él así que tomó su teléfono y le dijo:

"Tú y yo no tenemos nada de qué hablar"

Le enseñó el mensaje a Josie y lo mandó, Josie se puso feliz, realmente Andy era quien decía ser, por un momento ella sintió que podría darle una oportunidad, sin embargo, el teléfono de Andy volvió a sonar, ahora el mensaje decía:

"Cómo puedes decir eso, siempre dijiste amarme y ahora no quieres ni hablar conmigo"

CAPÍTULO 7. Dilema

Andy no tuvo tiempo de voltear su celular, Josie ya había leído el mensaje, ahora qué iba a decirle, ¿iba a contarle que Rebecca había sido su novia y que iban a casarse pero que ella días antes de la boda se fue y él jamás volvió a saber nada de ella hasta ahora?, por lo que a él se refería, Rebecca ya no significaba nada para él, había pasado ya más de dos años desde que ella había desaparecido y él ya no quería pensar en ella, no quería volver a confiar en alguien que de la nada era capaz de desaparecer días antes de la boda, para él, el asunto había concluido, no le interesaba si quiera escuchar lo que ella quería decirle, cuando él supo de su desaparición, movió cielo mar y tierra para encontrarla durante dos años sin éxito mientras su abuelo le insistía que era muy difícil encontrar a quien no quiere ser encontrado, pasado esos dos años, Andy se dio por vencido y poco a poco fue olvidándose de ella aunque no había sentido la necesidad de andar seriamente con alguien más, era cierto que salía con varias chicas pero jamás en una relación seria lo que siempre dejaba claro, sin embargo eso cambió cuando vio a Josie por primera vez, su belleza y candidez lo cautivó y mientras más la conocía más sentía que esa era la mujer de su vida, ahora no quería que Rebecca arruinara lo que apenas empezaba con Josie, sin embargo, parecía que ella estaba decidida a hablar con él.

Andy no contestó el mensaje y le dijo a Josie que ella no significaba nada para él, Josie no sabía si creerle o no, eso la puso muy triste, tanto que le pidió que la llevara a su habitación y la dejara sola, Andy trató de explicarle pero ella ya no quiso escucharlo. Andy la dejó sola y se fue el también a su habitación, ahí le marco a Rebecca, al momento que escuchó su voz le dijo:

- Rebecca, no sé qué pretendas pero no quiero volver a hablar contigo nunca más, espero que quede claro -

Dicho esto le colgó sin esperar respuesta alguna, al poco tiempo intentó hablar con Josie pero ella no quería hablar con él, así que decidió irse al hospital a ver a su abuelo ya que ese día por la tarde lo daban de alta, su abuelo lo recibió con gusto, ambos platicaron animosamente y Andy lo puso al corriente de todo, el Coronel también tenía noticias para Andy por lo que la charla se prolongó más de lo esperado, cuando trajeron la comida para el Coronel éste les dijo que jamás comería esa comida de hospital que sabía a agua con sal, Andy salió y ordenó que les trajeran comida de un restaurant que a ellos les gustaba mucho, la comida era sana y buena así que cumplía con las nuevas normas de alimentación que el médico le había impuesto al Coronel, en cuanto acabaron de comer, pasó el médico a hacer el último chequeo y lo dio de alta, como sus estudios no habían salido del todo mal, solamente debía hacerse un chequeo en tres meses y se programaron estudios regulares para monitorear su salud.

Mientras tanto, Josie estaba en su habitación, ella estaba enamorada de Andy, ahora lo sabía pero no estaba dispuesta a tener una relación con un hombre que no la iba a tomar seriamente, esa reflexión hizo que se entristeciera y comenzara a llorar, necesitaba hablar con alguien, pero ni un teléfono celular tenía, así que comenzó a platicar con su abuela, si ella estuviera viva qué le diría, cómo la extrañaba, cómo extrañaba a sus padres, todos ellos estaban muertos y ahora ella estaba sola, alguien estaba intentando matarla y no tenía familia que la protegiera, salvo Andy y el Coronel nadie más había ido a buscarla, Andy le comentó que Juanjo y Helia estuvieron en el hospital pero no se habían quedado, ella estaba realmente sola.

La enfermera se comenzó a preocupar al verla llorar de esa forma e inmediatamente le marcó a Andy, éste le dijo que iría para allá. En cuanto le comentó al Coronel, éste estuvo de acuerdo en ir a verla juntos, eso quizás la alegraría.

Cuando llegaron a la casa, el Coronel tocó la puerta de Josie y ella se alegró de escuchar su voz, inmediatamente le dijo a la enfermera que lo dejara pasar, el Coronel se acercó a ella y le dio un beso en la frente, cuando vio su cara llorosa le preguntó el motivo de su llanto, sin embargo, cuando Josie vio a Andy detrás del Coronel ella no quiso decir nada, el Coronel notó cierta animadversión contra su nieto y dijo:

- Tú, Andy, sal del cuarto, no sé qué le dijiste a esta bella damita que la hiciste llorar, así que vete del cuarto -

Josie se apenó al ver como el Coronel corría a su nieto por su culpa, realmente ella quería ver a Andy pero por otro lado no quería verlo, no quería tener que lidiar con él y las mujeres que estuvieran a su alrededor.

El Coronel la abrazó y le dijo:

- A ver jovencita, cuéntale al abuelo qué te pasa -

Josie no sabía si contarle o no, al final de cuentas Andy era su nieto así que seguramente él se pondría del lado de su nieto, así que le dijo que lloraba porque extrañaba a sus padres, a su abuela y a sus amigos, que se sentía sola y que no quería darles más molestias a él y a Andy, el Coronel la consoló y le dijo que de ninguna manera era una molestia, que de hecho, él estaba muy agradecido de dejar que ellos la protejan, que de alguna forma él sentía que estaba protegiendo a la que pudo ser su nieta. Josie asombrada lo volteó a ver, no entendía las palabras del Coronel. El Coronel al verla asombrada le dijo:

- Te voy a contar una historia que ni mi nieto conoce, hace muchos años yo conocí a una mujer, estábamos muy enamorados pero la guerra nos separó, cuando regresé supe que a ella le habían informado que yo había muerto y ella se casó, cuando supe esto, preferí no buscarla pero siempre seguí sus pasos, con el tiempo, yo también me casé e hice mi vida, pero jamás la olvidé, hace algunos años, la casualidad hizo que nos volviéramos a encontrar, ella llevaba a una hermosa niña de la mano la cual me presentó como su nieta Josie, aquél día ambos te llevamos a jugar y ella me dijo que ahora era viuda, yo aún tenía a mi familia completa y aun y cuando no amaba a mi mujer como la amaba a ella, decidimos que íbamos a respetar por lo que nos volvimos grandes amigos, hablábamos todos los días y por ella supe de tus logros, ella estaba tan orgullosa de ti, cuando mi mujer falleció fui corriendo a buscarla, fue cuando ella enfermó y al poco tiempo falleció, así que ese gran amor jamás tuvo otra oportunidad, pero siento que esa oportunidad está aquí contigo, tú eres su nieta y por lo tanto, eres como una nieta para mí, en honor a ese gran amor que nos tuvimos, por favor acepta mi hospitalidad y mi protección y también la de mi nieto aunque este sea un bruto -

Josie no podía creer lo que el Coronel le había contado, así que aquél gran amor del que su abuela platicaba con nostalgia era nada más ni nada menos que el Coronel, ella le dio un fuerte abrazo y le dijo:

- De aquí en adelante, tú serás mi abuelo y yo seré tu nieta -

El Coronel se conmovió con las palabras de Josie, cada vez que la veía, podía ver aquellos ojos oscuros y expresivos que el amor de su vida tenía.

Lo que no le dijo el Coronel a Josie fue que pasado el tiempo, la abuela de Josie le pidió que cuidara de su nieta, sus padres siempre la habían consentido y sospechaba que corría algún peligro por la forma en que sus padres actuaban, tiempo después le dijo que parecía que era algo relacionado con la aerolínea propiedad del Grupo Limantour, el Coronel no era solamente uno de los mejores amigos de la abuela de Josie sino que fue su confidente por muchos años, así que cuando supo que los padres de Josie habían fallecido, puso en alerta a todo su personal para que la cuidaran, él era un hombre acaudalado por lo que no tenía necesidad de volar en aerolíneas comerciales, sin embargo, esa vez usó su avión particular para ir a la ciudad donde Josie vivía y ahí tomar el mismo vuelo de regreso a la ciudad, pero ahora en el mismo vuelo de Josie, ella ahora era su nieta y quería tener la oportunidad de conocerla por lo tanto, la turbulencia del avión le hizo un gran favor, Josie era adorable y desde el primer momento que platicó con ella supo que tenía el carácter noble de su abuela.

Josie estaba muy contenta platicando con el Coronel, sin embargo, algo le seguía molestando y el Coronel se dio cuenta por lo que le dijo:

- Josie, estoy seguro de que me quieres decir algo mas ¿estoy en lo correcto? -

- Es que no sabría cómo decirlo, es Andy, la verdad no lo entiendo -

- Y qué es lo que no entiendes? -

Josie se puso roja solamente de pensar lo que iba a decir por lo que titubeó, eso hizo que tosiera, el Coronel le tomó la mano y le dijo:

- Josie, Andy es mi nieto pero jamás permitiré que ni él ni nadie te haga daño ¿Te dijo algo que te molestó? -

- No Coronel como cree, digo no abuelo, me dijo algo que me alegró pero después me molestó -

- A ver muchacha, explícate, empieza por contarme desde el principio – dicho esto, el Coronel se acomodó mejor en el sillón, tomó su bebida y se dispuso a escuchar lo que Josie tenía que decirle

Josie aun sonrojada le dijo:

- Es que Andy dijo que estaba enamorado de mi… pero… pero -

El Coronel casi salta de gusto al saber que su nieto se había enamorado de ella, esta vez nada impediría ese amor, si Josie también lo amaba, él haría todo lo posible porque estuvieran juntos.

Josie continuó:

- El problema es que, yo no creo que un artista se a alguien a quien una mujer como yo pueda amar, Andy debe tener muchas mujeres y yo no soy de esas que siguen a artistas por todos lados -

El Coronel se río a carcajadas al escuchar las palabras de Josie, tanto que Josie comenzó a verlo como si ella hubiera dicho algo tonto, el Coronel al ver su cara, dejó de reír y le dijo:

- Josie, mi nieto no es así, él no es un artista común, él es un hombre de negocios que además es artista -

-Pero entonces… ¿quién es Rebecca? - dijo Josie muy intrigada

El Coronel al escuchar aquel nombre no pudo evitar soltar una frase despectiva refiriéndose a ella:

- Ella no es alguien que merezca ser mencionado -

Josie se asombró al escuchar esas palabras, ella supuso que era algún amor de Andy pero al parecer era algo más. Después de decir aquella frase, el abuelo continuó:

- ¿Y tú donde escuchaste ese nombre? -

- No lo escuché, lo vi accidentalmente en un mensaje de texto que le escribía a Andy -

- ¿Y sabes qué decía? -

- Creo que algo como "Estoy en la ciudad y necesito verte" o algo así -

Así que reapareció esa mujer, pensó el Coronel. Rebecca había sido el gran amor de Andy sin embargo, a nadie de la familia le gustaba no sólo porque no provenía de una familia de clase social acomodada sino porque tenían fama de ser caza fortunas.

CAPÍTULO 8. El Coronel

El Coronel no quiso contarle la historia de Rebecca a Josie, él prefería que llegado el momento se la contara Andy, pero sí le aseguró que Andy no tenía una relación con esa mujer, de eso estaba seguro. Al Coronel le había tocado consolar a su nieto cuando ella desapareció, días antes de su boda por lo que él sabía que esto no se lo perdonaría jamás.

Cuando Rebecca desapareció, el propio Coronel hizo algunas investigaciones de ella y de la familia, ya tenía informes de qué clase de familia era pero no habían comprobado nada de Rebecca por lo que él apoyó a su nieto cuando este decidió proponerle matrimonio, los pecados de los padres no deben pagarlos los hijos pensaba, así que cuando ella desapareció, se sintió un poco culpable ante el dolor de su nieto.

El Coronel seguía platicando con Josie cuando escuchó que llegaba Andy, en cuanto éste llegó fue directo a la habitación de Josie, cuando escuchó la voz del abuelo entró sin pedir permiso, eso le enojó a Josie que le dijo:

- ¿Qué no sabes tocar? -

Andy sabía que Josie seguía enojada con él por lo que cuando ella le iba a decir algo más, le acercó unas flores, unos chocolates y un pedazo de pastel y le dijo:

- No sabía qué te iba a gustar así que te traje esto -

Josie estaba conmovida pero no quería ceder tan rápido así que le dijo:

- Ahora ¿me quieres engordar? Así será más fácil andar con todas las mujeres que te persiguen -

Andy volteó a ver a su abuelo, éste no hizo la menor intención de ayudarlo, de hecho, se estaba divirtiendo, definitivamente Josie había heredado el carácter de su abuela, Andy estaba acostumbrado a que las mujeres lo persiguieran y ahora, él no sabía cómo conquistar a una chica como Josie.

Al ver que el Coronel no diría nada, Andy le dijo a Josie:

- No, claro que no quiero que engordes, solamente traje esto porque pensé que te gustaría pero si no quieres se lo doy a la enfermera -

- Ah, en realidad no quieres que coma porque estoy gorda, pero quieres darle todo a la enfermera para conquistarla – dijo Josie arrugando la nariz como hacía cuando estaba molesta.

Andy no sabía que hacer o qué decir para calmar a Josie, así que le dijo:

- Ok, te entiendo, estas muy enojada conmigo, si quieres pégame o muérdeme, haz lo que quieras pero perdóname, ya te dije que esa mujer no significa nada para mí, yo solamente tengo ojos para ti -

El Coronel no daba crédito a lo que estaba escuchando, su nieto le estaba rogando a una mujer y en su presencia, hubiera querido grabar toda la escena para después usarla para burlarse de su nieto, jamás lo había visto así, no solamente ilusionado sino enamorado de una mujer y dispuesto a hacer cualquier cosa por ella.

No había terminado de hablar cuando se percató de que su abuelo aún seguía ahí, cuando vio su cara sabía que este iba a recordarle esa escena por el resto de su vida pero no le importaba, Josie era la mujer con la que quería envejecer.

Josie le dijo a Andy que acercara su brazo, abrió la boca dispuesta a morderlo y en lugar de eso le dio un beso y le dijo:

- No te mordí porque me has cuidado y has sido bueno conmigo, pero si vuelvo a escuchar el nombre de otra mujer que no sea yo, jamás volveré a hablar contigo -

Andy replicó diciéndole:

- Eso no es justo, mi secretaria es mujer, mi representante es mujer y mi sastre es mujer también, además de que muchas de las personas que me entrevistan diariamente son mujeres y hago negocios también con muchas mujeres -

- Ah entonces yo tenía razón en pensar que estás rodeado de mujeres – dijo Josie volviéndose a enojar

- Te haré una lista de las mujeres con las que trabajo para que sepas quienes son, y si tengo que hacer negocios o tengo alguna entrevista con una mujer, tú irás conmigo -

Josie sabía que lo que le había pedido era un disparate, realmente estaba celosa de Rebecca pero no quería decir nada, así que aceptó la propuesta.

Andy ahora contento, ahora le dijo:

- Eso quiere decir que ¿aceptas ser mi novia? -

Josie se quedó pensando y volteó a ver al Coronel, éste estaba realmente disfrutando ver a su sobrino rogarle a una mujer, Josie entendió la sonrisa en la cara de él y le dijo:

- Abuelo, ¿tú crees que yo deba aceptar ser novia de alguien que vive rodeado de mujeres? -

Andy se sorprendió cuando Josie le dijo "abuelo", él no entendía porque ella lo llamaba de esa forma y porqué el Coronel no había marcado su distancia, generalmente su abuelo no era amistoso con nadie, ni siquiera con sus nietos.

Josie estaba esperando la respuesta del Coronel cuando Andy dijo:

- No es justo para mí que ustedes dos ahora sean aliados, eres tan linda que llevo las de perder -

El Coronel casi aplaude esa frase de su nieto, seguramente le iba a gustar a Josie e iba a aceptar ser su novia pero no fue así, ella se quedó callada y continuó esperando la respuesta del Coronel, éste seriamente le dijo:

- Yo no creo que debas aceptar ser novia de alguien que vive rodeado de mujeres…– el Coronel hizo una pausa para ver las caras de Josie y de Andy, ambos estaban sorprendidos, entonces continuó:

- Como dije, no creo que debas aceptar ser novia de alguien que vive rodeado de mujeres, pero si esas mujeres son familia, amigas de toda la vida o solamente son relaciones de trabajo, yo no le veo problema -

Al escuchar la frase completa del Coronel ambos sintieron un alivio, al menos el Coronel había dado tácitamente su consentimiento para el noviazgo pensó Andy, pero Josie sospechaba que el Coronel y su nieto se habían puesto de acuerdo. Así que, volteando a verlos a ambos dijo:

- Creo que necesito tiempo para pensarlo -

Andy no lo podía creer, era la segunda vez que le declaraba su amor a Josie y ella lo había rechazado.

El Coronel sorprendido volvió a sonreír, definitivamente esta mujer iba a ser la horma del zapato de su nieto. Como ya tenía un buen rato platicando con Josie, decidió dejarlos solos, además, tenía muchas cosas que hacer, entre ellas, leer los informes que habían enviado los investigadores. Andy le había contado que había unido fuerzas con Juanjo, el amigo de Josie, como éste ya había sido investigado no había duda de que quisiera ayudarla, solamente faltaba que Andy hablara con Scott, así que le envió a su nieto un correo electrónico con los siguientes pasos, una vez acordada la alianza con Scott, podían comprar las acciones necesarias para tener el derecho de minoría e irrumpir en cualquier junta de accionistas. No podían contar con la tenencia de Josie o de la de Scott porque precisamente estas habían sido incautadas, el Coronel estaba intentando acelerar el proceso para que les fueran devueltas pero aún no lo lograba. Todo el plan estaba ya esquematizado, cada uno de los participantes, tenía ahora un cometido, claro, una vez que Scott aceptara, así que lo siguiente que hizo fue llamar al Presidente del Consejo para que actualizara su información.

CAPÍTULO 9. Problemas

En cuanto éste le respondió, escuchó como dos hombres estaban discutiendo, no quiso decir nada por si era a propósito que el Presidente hizo que los escuchara, por un lado, un hombre decía que se requería agilizar la documentación legal sobre la muerte de Josie, de otra forma, no podrían hacer nada ya que ella era la accionista principal, por el otro lado, otra voz le decía que esos trámites eran casi imposibles de agilizar, que las circunstancias de la muerte de ella entorpecían cualquier intento. El otro hombre siguió gritando, hasta que encolerizado dijo:

- Y ¿dices ser el Director del Departamento Jurídico?, a partir de ahora quedas despedido -

El hombre se quedó callado, una vez se había tranquilizado la contraparte, dijo:

- Usted no me puede despedir, pero aún y cuando tuviera las facultades, que reitero, no las tiene, no hay forma de agilizar la entrega del acta de defunción de Josie -

Posteriormente se escuchó un portazo, el Coronel supuso que la otra persona había salido, la llamada se cortó, así que esperó a que el Presidente le marcara cuando se desocupara.

Ese día eso ya no sucedió, solamente recibió un mensaje de texto que decía:

"Mañana me comunico contigo a las 9 AM y te explico lo que está pasando, por el momento lo tengo bajo control"

El Coronel se quedó tranquilo al leer el texto del Presidente del Consejo, habían sido amigos por muchos años y más a partir de que la abuela de Josie comentó que era una de las personas en las que más confiaba dentro del Corporativo.

Como ya estaba cansado, decidió irse a su casa y dormirse temprano.

Por su parte Juanjo, tenía reuniones de negocios al mismo tiempo que atendía a los investigadores, corroboró la versión de Andy de que el padre de Scott no estaba bien de sus facultades mentales por lo que no podía ser culpado de homicidio, sin embargo, alguien más era culpable de manipularlo y ese podría ser Scott, sin embargo, al leer el segundo informe donde se hablaba de Scott, éste leyó que el Consejo de

Administración lo había despojado de todos sus derechos hasta no ser exonerado por las autoridades, aparentemente lo estaban investigando por diversos delitos entre ellos, el de tráfico de mercancía robada. Juanjo siguió leyendo el informe pero cuando llegó al nombre de la empresa involucrada recordó algo importante, una vez Josie le contó que su padre jamás quiso hacer negocios con esa empresa porque no solamente no tenían ética sino que hacían cosas ilegales. Entonces ¿cómo había llegado esa empresa a ser proveedor de servicios de las empresas del Corporativo Limantour?, conforme más leía más interesante se ponían las cosas, todo eso confirmaba también la sospecha de Andy de que los padres de Josie no hubieran muerto en un accidente sino que habían sido asesinados.

Conforme encontraba algo interesante, lo fue anotando para después comentarlo con Andy y para que se pusieran de acuerdo para ver quien se iba a encargar de investigarlo, habían acordado que cualquier investigación la comentarían ya que podían alertar a los delincuentes.

Juanjo tenía una reunión en poco tiempo, el Director de embarques de su empresa le había dicho que quería presentarle a alguien, así que esperó a que llegaran al restaurante, guardó todos los documentos y su computadora y le mandó un mensaje de texto a Andy que decía:

"Necesitamos hablar ¿mismo lugar, misma hora?"

Andy vio el mensaje y contestó:

"Hecho, nos vemos mañana"

Una vez que Andy le respondió, Juanjo guardó su teléfono y esperó a que llegaran el Director y su invitado. Al poco tiempo, ambos llegaron, cuál sería su sorpresa que no era un invitado, sino una invitada, así que cuando estuvieron casi por llegar a su mesa se levantó para recibir a aquella bella mujer.

El Director hizo las presentaciones:

- Señorita Rebecca Solano, le presento al CEO de la empresa, el Licenciado José Juan Escutia -

- Mucho gusto Licenciado, me han hablado mucho de usted -

Sin más preámbulo Juanjo les pidió que se sentaran y comenzar la reunión de negocios, el Director le había comentado que le presentaría a uno de los directivos más importantes de una compañía productora de equipo periférico para celulares, la cual estaba teniendo un gran éxito en el mercado local y ahora buscaban expandirse para vender en otros mercados, Juanjo escuchó lo que Rebecca le tenía que decir, de entrada el negocio sonaba prometedor, Juanjo quedó que iba a revisar la información que les habían proporcionado y que se reunirían posteriormente, que el Director haría la cita.

Rebecca agradeció la entrevista y se iba a retirar cuando Juanjo le dijo:

- No es necesario que se vaya, apenas vamos a comer, si gusta, podría acompañarnos-

Rebecca aceptó de buena gana, si lograba ese contrato tenía asegurado su ascenso en el Corporativo.

Los tres comieron animadamente, Rebecca era una mujer muy bella e interesante por lo que Juanjo disfrutó su charla y su compañía, terminando de comer, Juanjo le entregó su tarjeta y le dijo que si alguna vez viajaba a su país, que le avisara, Rebecca la tomó de buena gana y los tres se despidieron.

Juanjo todavía tenía algunas reuniones más ese día, había agendado todo lo relacionado al negocio los primeros días de su estancia en ese país para después dedicarse cien por ciento al asunto de Josie, estaba saliendo del hotel cuando se topó con Scott, este venía hablando por celular, aparentemente estaba muy molesto con esa persona, quiso escuchar algo de la llamada pero no le fue posible porque éste lo reconoció, en cuanto ambos cruzaron las miradas, Juanjo se preparó para pelear con él, sin embargo, en esta ocasión, Scott se le acercó y lo saludó amigablemente, muy cerca de ahí, estaba Rebecca que había ido al tocador, para ella no pasó desapercibido que Juanjo conociera a Scott, Scott era uno de los hombres más ricos de la ciudad y si Juanjo lo conocía, seguramente era porque estaban haciendo negocios juntos.

Cuando Scott le tendió amigablemente la mano a Juanjo, este la tomó, por primera vez Scott había sido amable, así que Juanjo pensó que si el cambio de Scott era genuino, que sí aceptaría que éste se uniera a las investigaciones. Ambos charlaron un poco y cada uno siguió su camino.

Ya era tarde cuando Juanjo llegó al hotel, su celular no había parado de sonar en todo el día, entre mensajes y llamadas no había tenido tiempo de comunicarse con Helia para ver cómo iban unos asuntos del negocio, así que le marcó, Helia siempre sonreía cuando Juanjo le llamaba y ésta vez no fue la excepción, ella estaba por salir de la oficina cuando vio en el identificador de llamadas que era Juanjo así que volvió a prender la luz y se sentó, seguramente Juanjo quería información sobre algún pedido o sobre algún embarque, efectivamente, Juanjo quería saber algunas fechas de entrega y las fechas en las que zarparían algunos de los buques, ella le proporcionó la información y le preguntó sobre el estado de las investigaciones, Juanjo le dijo que aún no había mucho, le contó que se había topado con Scott saliendo de un restaurante y que éste lo había saludado hasta cordialmente, Helia no lo podía creer, después le comentó los problemas legales de Scott y lo referente al transporte de mercancía, aparentemente, estaban involucrando a Scott en lo que decían que había hecho el padre de Josie, seguramente eso era una trampa. Ambos platicaron al respecto y Juanjo le dijo que hablaría con Andy para ver qué sabía él al respecto. Después de un rato ambos colgaron, Juanjo se metió a bañar y Helia arregló todas sus cosas para irse a casa, ese día no vería a Max porque éste había salido de la ciudad, o al menos eso le había dicho él, la realidad, era que estaba negociando un mejor precio por la información que había obtenido y para ello necesitaba de toda su atención.

Al día siguiente, Juanjo fue directo a la oficina, habló con sus padres y ambos coincidieron en que se quedara allá el tiempo que fuera necesario mientras se aclaraban las circunstancias de la muerte de Josie, la madre de Juanjo siempre supo que éste estaba enamorado de Josie y les hubiera encantado que se formalizara una relación, sin embargo, ella sabía que Josie jamás lo vería con esos ojos, para ella, Juanjo siempre fue un amigo, no así para Helia, la madre de Juanjo sospechaban que ella estaba secretamente enamorada de su hijo.

Después de hablar con sus padres se dedicó a sacar pendientes de oficina, mientras lo hacía, recibió un texto de Rebecca que decía:

"Muchas gracias por la cena de anoche, espero que pronto podamos hacer negocios, que tenga buen día"

Juanjo leyó el mensaje, le agradó cenar con ella pero no tenía tiempo ni cabeza para pensar en algo mas así que le contestó:

"Esperemos que con la información que nos ha proporcionado sea el inicio de una relación de negocios, el Director estará a cargo de hacer los reportes correspondientes a su empresa"

Rebecca leyó cuidadosamente el mensaje, aunque Juanjo fue cortes, le había dicho que el asunto, por el momento, estaba en manos del Director y eso no le agradó del todo, ella tenía que destacar en la empresa, quería re conquistar a Andy y necesitaba ser alguien importante para ello, ella sabía que el haber desaparecido quizás sería imperdonable pero tenía la esperanza de que después de que ella le explicara lo que ocurrió, la podría perdonar, además ella necesitaba la fortuna de la familia De la Garza, su familia dependía de ello, si no hacía algo pronto, caerían en la ruina y en la deshonra, solamente el poder y la fortuna de Andy podrían salvarlos.

Con eso en mente, ella le contestó a Juanjo:

"Es usted muy amable ya verá como pronto nuestras empresas harán negocios, que tenga buen día"

Juanjo leyó el mensaje pero ya no le contestó, aún tenía que ver algunos asuntos de la naviera y según un informe, había posibilidades de que algunos estibadores revoltosos iniciaran una huelga, por lo que llamó al Director de Recursos Humanos y le pidió que lo pusiera al tanto, éste le dijo que aparentemente unos estibadores habían sido vistos vigilando sospechosamente un cargamento por lo que el supervisor los mandó llamar y aunque estos aseguraron que no estaban haciendo nada, se les puso vigilancia para evitar problemas, gracias a esa vigilancia, se enteraron que había un grupo de estibadores que estaban incitando al resto a pedir aumento de sueldo y de prestaciones, aunque sabemos que los que trabajan para nosotros están en buenas condiciones, no pasa lo mismo con el resto por lo que la Unión de estibadores va a reclamar igualdad de salarios para todos, estamos platicando con el líder de esa organización y en cuanto haya más información le informo.

CAPÍTULO 10. Juanjo

Juanjo se quedó tranquilo al saber que las cosas estaban siendo supervisadas así que en la carpeta anotó el nombre del Director de R.H. y guardó la carpeta.

El siguiente asunto era más complicado, uno de los astilleros había sufrido daños después de un huracán por lo que se estaban haciendo los reclamos correspondientes a las aseguradoras pero éstas estaban tardándose en resolver, le escribió un correo electrónico al Director de Finanzas solicitándole informes y al Jefe de Buques para saber cuándo quedaría el astillero en condiciones de operar.

Cuando vio el reloj, ya era hora de ir a ver a Andy, sacó unos papeles del escritorio y los metió a su mochila, eran los informes que él había leído un día antes, quería que los leyera él para ver si llegaba a la misma conclusión.

Cuando llegó al taller de Andy este aun no llegaba, sin embargo, llegó a los pocos minutos pero vestido de manera muy formal, como si viniera de una reunión de negocios, Andy lo saludó mientras abría la puerta del taller, había guardias que le pudieron haber abierto a Scott pero Andy no quería que los viera.

Ambos entraron al taller y Andy le pidió que subieran al departamento, ahí le ofreció a Juanjo algo de beber y ambos se sentaron, Juanjo le entregó los informes y Andy los comenzó a leer, este hizo un alto al leer el nombre de la empresa "Blue Mountain, compañía distribuidora" dejó de leer y volteó a ver a Juanjo, él también reconoció ese nombre, esa empresa se había visto envuelta en un escándalo de tráfico de mercancía ilícita hacía algunos años, aparentemente la habían exonerado.

Juanjo le contó que hacía algún tiempo Josie había mencionado que su padre no quería hacer negocios con esa empresa, no le gustaba la administración y no le gustaba el estilo con el que ellos trabajaban, decía que era una empresa con poca ética.

Esa información era nueva para Andy por lo que debían comenzar a investigarlo, le preguntó a Juanjo si él había iniciado alguna investigación y éste le dijo que aún no, Andy le dijo que procediera con ello mientras él investigaba a los socios y a los Consejeros. Andy siguió leyendo el informe y mientras leía le dijo a Juanjo:

- Ya pensaste lo que te dije de Scott -

- Si, de hecho ayer me lo encontré y lo sentí cambiado, creo que los problemas que tiene lo van a obligar a madurar -

- Entonces ¿estás de acuerdo en unir fuerzas con él? -

- Si, si él está de acuerdo, yo no tengo inconveniente -

- Entonces deja que le envíe un mensaje de texto para que venga, creo que ya es tiempo de que los 3 abordemos este asunto juntos -

Dicho esto, Andy le mandó un mensaje de texto a Scott diciéndole que aceptaba reunirse con él, que si podía lo esperaba ahora mismo en el taller. Scott le agradeció y le dijo que iría para allá, que llegaba como en media hora. Scott sabía que solo no podría defenderse pero si Andy y el Coronel lo ayudaban seguramente llegarían al fondo del asunto, la muerte de Josie debía investigarse tanto como lo que estaba pasando al interior del Grupo Empresarial Limantour.

Andy y Juanjo estaban comparando notas parare dirigir las investigaciones cuando sonó el timbre, Andy bajó al taller para abrirle a Scott, seguramente era él, se saludaron cortésmente y lo invitó a subir al departamento, cuando Scott vio a Juanjo se molestó, qué hacía ese tipo ahí, pero decidió guardar silencio y aceptar las explicaciones que diera Andy, éste le explicó que como Juanjo era uno de los mejores amigos de Josie, debía conocer mucho mas de ella que cualquiera de ellos dos, Scott aceptó la explicación pero realmente a él le importaba arreglar también sus asuntos no solamente los de Josie, cuando Andy le explicó que la familia de Juanjo era dueña de una naviera las cosas cambiaron, no solamente por la posición social de Juanjo sino por sus posibles conocimientos en fletes y comercio internacional ya que uno de los delitos que le habían fincado era el de tráfico de mercancía sus conocimientos del tema le podrían ser útiles.

Los tres intercambiaron información, cada uno fue aportando un eslabón a la elaborada cadena de hechos ilícitos que ocurrían alrededor del Grupo Limantour de los que nadie de ellos estaba enterado, juntos armaron un plan de acción y se asignaron tareas, cada uno tenía que hacer su parte para que todo funcionara.

Cuando se fueron, Andy le marcó a su abuelo y lo puso al tanto, su abuelo estaba contento de que al final Andy hubiera aceptado ayudar a Scott, él creía que en algún momento su posición accionaria sería definitiva para lograr sus objetivos.

Mientras tanto en la casa de la Colina Josie comenzaba a desesperarse, aunque había salido un rato al jardín y había hecho la terapia para volver a caminar, estaba harta de estar sola y de no poder platicar con sus amigos cuando quería, la enfermera comenzó a notar el humor de Josie y le envió un mensaje de texto a Andy, este le dijo que llegaría en unos momentos, cuando Josie iba a reclamar vio el coche de Andy por la ventana, ella sabía que estaba pendiente de ella pero siempre aparecía cuando más lo necesitaba, sin embargo, no quería que él se diera cuenta de que se estaba enamorando.

Cuando Andy tocó a su puerta lo hizo esperar un poco, se arregló el cabello e hizo como que leía, cuando Andy entró, se acercó a ella para saludarla ella quiso mostrarse seria pero no pudo, en cuanto lo vio se le iluminó la cara, Andy lo notó pero no hizo comentario alguno. Esta vez, en vez de traerle flores y chocolates le trajo un cachorrito con un gran moño, cuando lo puso frente a Josie, esta lo tomó y lo abrazó, adoraba a los perros, Juanjo lo había mencionado sin querer, así que Andy pidió que compraran un Yorkshire Terrier, mejor conocidos como "Yorkies" Josie no paraba de verlo, era toda una monada, ahora al menos tenía a alguien más que a las enfermeras y los médicos dando vueltas.

CAPÍTULO 11. Recuperación de Josie

Josie caminaba casi con normalidad por lo que Andy la invitó al jardín, como ya casi era hora de la cena, le había pedido a la cocinera que hiciera una cena especial y que arreglara la mesa del jardín, cuando ella vio la mesa y la comida se le hizo agua la boca, había muchos de los platillos que a ella le gustaban, ese iba a ser un festín, pero, no le daría el sí aun a Andy, ambos cenaron y charlaron por largo rato, cuando Andy notó que Josie estaba cansada, la ayudó a volver a su habitación y se despidieron. Andy fue directo a su habitación y revisó las anotaciones que había hecho por la tarde, su abuelo estaba haciéndose cargo de los asuntos importantes de la empresa por lo que Andy tenía más tiempo de lo normal.

Ese día Carlos se levantó contento pero poco a poco su humor fue cambiando, primero le informaron que alguien estaba investigando a la empresa "Blue Mountain" y aunque sería muy difícil que lo ligaran a ella, podría ocurrir, así que alertó a su equipo para que bloquearan la información el mayor tiempo posible, lo único que quería era que se leyera el documento de sucesión de Josie, pero como los abogados se negaban a hacerlo hasta no tener el acta de defunción, no tenía la información que necesitaba para poderse mover así que le habló a Iris, ella trabajaba en el departamento jurídico del despacho de abogados que tenía contratado el Grupo Limantour, ella era miembro del Grupo desde casi un inicio, en cuanto ella contestó le dijo:

- Urge que obtengas el documento de sucesión de Josie, hay gente investigando y hay posibilidades de que encuentren lo que buscan -

- Ya te dije que no es tan fácil, pero voy a volver a intentarlo, mañana sale de viaje el socio principal del despacho y creo que él lo pueda tener – dijo Iris

- De acuerdo, pero recuerda que si yo caigo, todos caemos – la amenazó Carlos

- No empieces Carlos, estamos juntos en esto desde hace muchos años, así que no estés jorobando – le dijo Iris enojada

Carlos sabía que Iris estaba haciendo todo lo humanamente posible para conseguir ese documento, pero realmente estaba muy resguardado, aun así la presionó. Después de colgar la llamada con ella, le marcó a Albert, éste trabajaba en la línea aérea del Grupo

Limantour, era el coordinador de embarques, antes había trabajado para la familia de Carlos así que ellos se conocían bastante bien, Albert había estudiado para ser piloto pero un accidente en un ojo lo inhabilitó para serlo, pero su amor por los aviones hizo que consiguiera trabajo administrativo, no había trabajado mucho para ser coordinador de embarques ya que Carlos hizo que pronto ascendiera, Albert aceptó la ayuda de Carlos sin saber que éste le cobraría el favor muy rápido, al poco tiempo de su nombramiento, recibió una llamada que le solicitó el listado de todos los embarques con destino a China, este no podía proporcionar tal información si no era autorizada por su jefe pero quien lo llamó le dijo que si quería permanecer en su puesto debía entregar esa información, Albert no accedió fácilmente así que no solo lo amenazaron con perder el puesto sino con culparlo de cometer un delito que le arruinaría la carrera de por vida, Albert quiso informarle a su jefe pero lo pensó mejor, quizás Don Carlos también tendría comprado o amenazado y el único que sufriría las consecuencias sería él. Pasados los años, Albert se convirtió en una de las personas de confianza de Carlos, éste comprendió que si se unía a él quizás ganaría mucho dinero y sin gran riesgo porque Carlos era muy poderoso.

Cuando le marcó Carlos, estaba revisando los embarques, Carlos le explicó el riesgo que corrían y que debía ocultar de mejor forma todos sus pasos, Albert entendió y comenzó a revisar documentos con la intención de ocultar mejor la información, sobre todo la referente a "Blue Mountain".

Mientras tanto en la casa de la colina, Josie estaba jugando con el cachorrito, cada vez se sentía mejor por lo que el médico estaba comenzando a batallar para mentirle sobre el uso de los aparatos electrónicos, en la casa no había televisores por lo que ese no era realmente el problema sino los teléfonos celulares, por lo que se le ordenó a todo el personal que dejaran sus teléfonos en el área de servicio antes de entrar a la casa principal, Josie había olvidado el uso del celular ya que estaba distraída con el cachorrito, ella aun no le había puesto nombre porque quería hacerle una broma a Andy cuando llegara y decirle Andy…

A la hora de la comida, Andy llegó puntualmente, ya Josie se había acostumbrado a los horarios de él por lo que lo estaba esperando, ya que su habitación estaba en la planta baja era relativamente fácil para ella moverse, su cuerpo poco a poco estaba recobrando la fortaleza y ya solamente usaba una andadera para caminar, el médico le había dicho que tras la terapia, se recuperaría completamente, aún no podía subir escaleras, que era donde estaban el resto de las habitaciones, incluida la de Andy, ella tenía mucha curiosidad de conocerla, pero por el momento, no podía ni intentarlo.

Andy llegó silbando una de las melodías que acababa de escuchar en la radio, esa canción le gustaba mucho a Josie por lo que ella comenzó a cantarla casi sin pensarlo, ella cantaba bastante bien por lo que Andy siguió silbando para escucharla, cuando ella se dio cuenta se calló inmediatamente, Andy le pidió que continuara pero ella no quiso, de repente ella dijo:

- Andy, ven aquí -

Andy extrañado fue hacia ella, Josie por su puesto comenzó a reírse y le dijo:

- No te hablaba a ti, "sonsito", sino a Andy el cachorrito -

- ¿Le pusiste mi nombre al perro? -

- La verdad no, pero quería ver tu cara llamándolo por tu nombre – dijo Josie riéndose

Andy no pudo enojarse, comenzó a reírse con ella, ambos estaban de buen humor. La cocinera los llamó a comer y mientras devoraban los alimentos, platicaron como viejos amigos, Andy se estaba acostumbrando a la presencia de ella y Josie estaba feliz de estar con Andy pero ella sabía que en algún momento tenía que volver a la realidad, tenía muy poca familia, de hecho solamente quedaba su tía, la hermana de su padre que se fue a vivir al extranjero y jamás regresó, su padre la había nombrado heredera en caso de que Josie falleciera antes de la mayoría de edad y le había pedido a Josie que hiciera lo mismo mientras no tuviera esposo e hijos, Josie aceptó, su padre siempre había protegido a la familia y como su tío Joe era un hombre acaudalado, a la que habría que proteger sería a su tía y su familia, además de que eran Limantour, era lo que les correspondía y aunque realmente Josie no la había visto desde hacía muchos años creyó que era lo justo.

Cuando ambos terminaron de comer, fueron a dar un paseo al jardín, la charla continuó, Andy le platicaba de negocios y Josie le platicaba las travesuras de "Andy" el cachorrito, Josie de repente dijo que "cookie" le quedaba bien ya que ese cachorrito sería como una galleta de la suerte para todos, Andy estuvo de acuerdo, de hecho, cualquier nombre que ella hubiera escogido para él estaba bien, lo que quería era verla feliz.

Después de caminar por un rato, ambos entraron a la casa, Josie se veía cansada por lo que Andy le pidió a una de las enfermeras que la ayudara a recostarse, aunque Josie estaba recuperándose, aún no recobraba del todo sus fuerzas y su capacidad motriz.

Andy se despidió para dejarla descansar un rato y fue a su habitación, ahí le marcó a los abogados, éstos le dijeron que ya tenían en su poder el documento de sucesión de Josie y que la heredera era su tía, la hermana de su padre, como ya la estaban protegiendo Andy no creyó necesario enviar más agentes a cuidarla, además, ese documento no era público y sería revelado hasta que se entregara el certificado de defunción de Josie, cosa que no era factible que sucediera.

Ese mismo día, pero más tarde, también le comunicaron a Carlos la información sobre el documento de sucesión de Josie, al saberlo, Carlos envió a unos agentes para localizarla y obligarla a firmar su renuncia a la fortuna de Josie, si ella se oponía, debían hacer lo necesario para que ella firmara.

En otro lado del mundo, Aurora, la tía de Josie, estaba esperando que llegaran sus hijos gemelos Daniel y David, aún les faltaba un año para terminar la universidad y estaban viendo ya posibilidades para estudiar maestría en el extranjero, lo cual no era problema para Aurora siempre y cuando no regresaran a la ciudad donde nacieron, ella no quería saber nada del Grupo Limantour ni de su familia, no estaba enterado de la muerte de su hermano, el padre de Josie y mucho menos de que su otro hermano era culpable de haber intentado matar a su sobrina, desde que ella vendió sus acciones, no quiso saber nada nunca más, su padre había decidido exiliarla de la familia por haberse casado con un hombre que la familia no aceptaba y ella, lo había desobedecido casándose en secreto. Su matrimonio había sido bastante bueno y apenas un año atrás, su marido había fallecido después de una corta lucha contra el cáncer, por lo que ahora, vivía con sus hijos y pronto, ellos dejarían el nido familiar para ir en la búsqueda de su propio futuro, era la ley de la vida, pensó, por lo que quería disfrutar los últimos momentos que le quedaran junto a ellos. Ambos eran buenos muchachos por lo que no le preocupaba realmente qué clase de hombres serían sino, que no fueran a escoger alguna Universidad que estuviera en su ciudad natal o inclusive en ese país.

Los gemelos iban a comer con su madre y después partirían al Aeropuerto, habían quedado con un grupo de amigos de ir a esquiar por lo que se iban a pasar unos días en la cabaña de uno de ellos, Aurora se disponía a pasar los siguientes días sola por lo que le habló a su mejor amiga y quedaron de comer al día siguiente.

Cuando llegaron sus hijos, algo estaban discutiendo, generalmente David ganaba las discusiones y Daniel las peleas, por lo que hacían el equipo perfecto, o al menos eso decían ellos. Esta vez Aurora detuvo la discusión y les pidió que se fueran a lavar las manos para comer, supuso que tendrían hambre. Mientras los muchachos subían a sus cuartos, ella le dijo a la cocinera que calentara la comida y que ya se sirviera. Lo que Aurora no sabía era que su cocinera de siempre se había reportado enferma y era sustituida por alguien enviado por el equipo de Andy, entre más cercano a la familia estuviera, podría protegerlos mejor. Por el momento, no había necesidad de subir la alerta, todo marchaba como de costumbre. La gente de había designado guardias afuera de la casa también por lo que estaban muy custodiados. Ahora que los muchachos saldrían de viaje, se había preparado a un equipo adicional de vigilancia para cada uno.

Ahora que Andy y el Coronel sabían quién podría ser el siguiente objetivo de la organización que quería apoderarse del Grupo Limantour, de alguna forma se sentían más tranquilos, Scott, Juanjo y Andy habían resultado ser un excelente equipo, cada uno de ellos tenía un objetivo y lo estaba cumpliendo a la perfección.

Ese día por la noche, Andy tenía un evento social al que no quería acudir, pero era parte de las obligaciones de la empresa y aunque aún no era nombrado CEO de las empresas de su abuelo, lo sería muy pronto por lo que el abuelo le dijo que debía comenzar a asistir a esos eventos, en esta ocasión, era la presentación de un nuevo directivo para una empresa muy famosa dedicada a la electrónica, Andy había recibido la invitación meses antes pero no había confirmado, confirmó ese mismo día por la mañana lo que de alguna forma cambió un poco la organización del evento, la prensa fue acomodada de otra forma para garantizar que no se molestara a sus invitados.

CAPÍTULO 12. El Evento

Juanjo por su parte, también recibió la invitación e inmediatamente confirmó su asistencia, ese tipo de eventos ayudarían mucho a la expansión, el evento era en un salón muy elegante por lo que ameritaba un arreglo más formal, él tenía varios trajes hechos a mano que pudieran ser adecuados para la ocasión pero no los traía consigo por lo que le pidió a su secretaria que le compraran un traje, le mandó las características por email y se olvidó del asunto. Durante la tarde, Rebecca le mandó un mensaje de texto preguntándole si había recibido a la invitación al evento, fue cuando supo que había sido ella quien lo había incluido en la lista, Rebecca podría ayudarle mucho para que su empresa se conectara mejor en el mundo de los negocios de esa ciudad por lo que confirmó su asistencia, aparentemente era el evento del año.

Juanjo llegó al evento y fue fotografiado por la prensa pero no entrevistado, su nombre y su cara aun no eran familiares en la ciudad por lo que no fue de gran interés, posteriormente fueron llegando artistas, políticos, empresarios y sobre todo, líderes de redes sociales, éstos no dejaban de tomar fotos y de hacer mini entrevistas.

Rebecca acomodó a Juanjo en su mesa con toda intención, no quería que la vieran sola pero además quería ver la cara de Andy cuando la viera acompañada y de un amigo suyo, la noche iba pasando y aunque Rebecca había visto la confirmación de Andy este aun no llegaba, poco antes de dar inicio el evento, el Coronel y Andy hicieron su entrada, ambos fueron abordados inmediatamente por la prensa, el Coronel respondía cada pregunta con astucia y un poco de humorismo, por su parte Andy, que odiaba las entrevistas, trataba de ser cortes contestando todo lo que se le preguntaba, cuando se iba a dar por terminada la sesión de preguntas, una entrevistadora de redes sociales le preguntó:

- ¿Y ahora que Rebecca Solano ha regresado, retomarán su compromiso o la relación definitivamente se dio por terminada cuando ella desapareció? -

Definitivamente Andy no esperaba esa pregunta y mucho menos en el marco de ese evento, así que lo único que atinó a contestar fue:

- La señorita Solano tiene su vida y yo tengo la mía, ya no existe compromiso alguno, de hecho, estoy iniciando una relación nueva -

La reportera quiso preguntar más pero Andy siguió su camino satisfecho de que había anunciado que no existía relación alguna entre Rebecca y él y además, que tenía una nueva relación.

La reportera subió la entrevista casi de inmediato a sus redes sociales, cuando la vio Rebecca no lo podía creer, ella tenía la esperanza de que Andy la hubiera perdonado, siempre supo que él estaba perdidamente enamorado de ella por lo que pensó que si regresaba, él siempre la estaría esperando, pero no era así.

Ella jamás le dijo a Andy que el día que se iban a casar, apareció un ex novio al que ella le había robado casi toda su fortuna, la amenazó con meterla a la cárcel si no se regresaba con él, ella no pudo hacer más que irse con él pero no le dijo nada a Andy porque no sabría cómo explicarle la clase de cosas que ella se vio obligada a hacer en su pasado con tal de alcanzar una mejor posición y de tener mejores oportunidades, la vida con ese hombre había sido un infierno, él era prácticamente un pandillero así que un día que regresó a su casa él estaba muerto, así que tomó todas sus cosas y se fue, por un tiempo se escondió pero nadie la buscó, así que comenzó a buscar trabajo y lo encontró en la empresa donde trabajaba actualmente, ella había trabajado mucho para lograr el puesto que tenía, había tenido que estudiar sobre tecnología y sobre muchas otras cosas más y aunque tenía estudios universitarios no tenía los conocimientos necesarios para destacar, así que poco a poco fue ascendiendo por un lado por su astucia para lograr sus objetivos y por otro, por el gran escuerzo que puso para aprender todo lo referente a ese negocio.

Rebecca decidió que Andy sería para ella o para nadie, descubriría quien era esa mujer y la alejaría de él a como diera lugar, Juanjo debía saber quién era por lo que fue a su mesa y se sentó junto a él, cuando entró Andy al salón todo mundo comenzó a murmurar, no era usual verlo en ese tipo de eventos por lo que cada uno tenía una teoría diferente, unos decían que lo hacía para volver con Rebecca y otros especulaban con la posibilidad de que Andy se hiciera cargo de algunos de los negocios del Coronel. Algunos pasos atrás estaba el Coronel, el cual entró al salón con el paso característico militar, alcanzó a su nieto y ambos fueron directo a la mesa que les señalaron, cuando se sentaron, la gente paró de hablar. Esperaban al siguiente invitado quien sería la comidilla del momento.

El evento dio inicio, el Directivo que presentó la empresa fue nadie más que Rebecca, la gente quedó asombrada, además de bella era talentosa en los negocios, al momento que dijeron su nombre ella se levantó, Juanjo la ayudó retirándole la silla, cosa que no pasó desapercibida por Andy, quien no sabía que Juanjo y Rebecca se conocieran. El evento fue un éxito, Rebecca había acaparado la atención de los medios y su elocuencia hizo que sus entrevistas fueran replicadas en todas las redes sociales y en los medios de comunicación. La amistad entre Juanjo y Rebecca fue creciendo conforme él la acompañaba a algunos de los eventos, tanto así, que las revistas de chismes comenzaron a hablar de la posible pareja de Rebecca con el empresario naviero. A Rebecca le convenía la confusión y Juanjo decidió no hacer nada pensando que los medios se aburrirían, un día estaba leyendo en redes sociales la historia de Rebecca y fue cuando se enteró que fue la prometida de Andy, Andy no había querido saludarlo en el evento ni a él ni a Scott por motivos de seguridad pero ahora entendía por qué se había ido temprano, necesitaba aclarar el asunto ya que Rebecca no le desagradaba del todo pero si Andy aun la amaba lo respetaría, tomó su teléfono celular y le marcó, esos asunto era mejor tratarlos directamente, cuando Andy le contestó Juanjo le dijo:

- Andy, me acabo de enterar que Rebecca fue o es tu prometida, yo no lo sabía, de hecho me acabo de enterar… -

Iba a continuar dando explicaciones cuando Andy lo interrumpió diciendo:

- Era mi prometida y ya no me interesa, si a ti te interesa estás en tu derecho de cortejarla -

Aclarado el asunto, ambos platicaron de las estrategias que tenían pendientes y los asuntos que tratarían en su siguiente reunión y se despidieron.

Juanjo no sabía si quería o no cortejar a Rebecca pero al menos no tenía ningún problema con Andy. Ese mismo día, él había quedado con Rebecca de acompañarla a un evento, como ya era costumbre, él pasó por ella, cuando ambos estaban en el auto, ella sin mayor preámbulo le dijo:

- Juanjo, sé que eres amigo de Andy, yo soy su prometida pero él no me quiere ver, cometí un error y él no me quiere perdonar, ¿podrías ayudarme a recuperarlo? -

Juanjo no esperaba tal confesión y mucho menos tal pedimento así que le dijo:

- Ya no eres su prometida y si él no quiere verte no es mi asunto, arréglenlo entre ustedes -

Rebecca comenzó a llorar pero eso no conmovió a Juanjo, de hecho lo enojó, él entendió porque ella estaba tanto tiempo con él, simplemente lo había usado para llegar a Andy así que le dijo:

- Mira Rebecca, esta es la última vez que te acompaño a un evento, creí que nuestra relación iba a ser estrictamente de negocios pero ahora comprendo que tú solamente te querías acercara Andy, así que, después de hoy, cualquier asunto lo tratas con el Director y en cuanto a Andy no me interesa lo que vayas a hacer -

Dicho esto, estacionó el auto, lo rodeó, le abrió la puerta y esperó a que saliera, ya dentro del evento se separó de ella hasta que dio la hora de regresar, ambos se subieron al auto y sin dirigirse palabra él la dejó en su casa y se fue.

Andy no se había enterado de la amistad de Juanjo con Rebecca ya que había eliminado la seguridad por ser ya miembro del equipo, ya no había necesidad de gastar recursos en su vigilancia.

Rebecca entró a su casa, en cuanto cerró la puerta gritó encolerizada, se había equivocado con Juanjo, ahora estaba en riesgo su puesto y que éste le dijera algo a Andy, debía pensar que hacer y pronto, tomó su teléfono celular y le escribió a Juanjo:

"Perdona Juanjo, no quise que te molestaras y jamás fue mi intención usarte para llegar a Andy como tú dices, fue un error involucrarte y lo siento, no le vayas a decir nada a Andy, fue un error, espero me puedas perdonar y que al menos seamos amigos"

Juanjo leyó el mensaje y para sus adentros dijo: "Amigos, no me interesa" así que le escribió:

"No te preocupes, yo te entiendo, por mi queda olvidado el asunto, que descanses"

CAPITULO 13. La revelación

Rebecca sabía que ya nada sería igual pero al menos él no le contaría nada a Andy, lo siguiente que necesitaba era saber con quién estaba saliendo Andy, por más que buscaba en redes sociales no encontraba nada, aunque Andy no siempre había mantenido su vida privada muy privada, lo único que encontró fue una pequeña nota de una de sus exposiciones y estaba retratado con una mujer muy bella, el pie de página decía: "Andy de la Garza junto a Josie Limantour", esa debía ser su rival, ella tenía que saber todo sobre esa mujer y pronto.

Al día siguiente, Andy había salido a correr al jardín por lo que Josie decidió darle una sorpresa y esperarlo en su cuarto, ella ya podía subir y bajar escaleras y aunque se cansaba un poco, ya podía caminar casi de manera normal, como Andy tardaba en llegar, se puso a ver la decoración de la habitación, cuando se cansó, para no sentarse en la cama, se sentó en la silla del escritorio, sin quererlo, comenzó a leer los documentos que estaban sobre el escritorio, entre ellos leyó varias esquelas con su nombre en varios periódicos, después leyó documentos donde rendían informes que hablaban de ella y de su familia, también leyó el reporte de la policía que mencionaba que sus padres habían sido asesinados, Andy, ¿era Andy el culpable de todo? ¿El Coronel y Andy eran quienes le querían hacer daño? Josie estaba horrorizada, se levantó lo más rápido de la silla y quiso huir pero escuchó los pasos de Andy en la escalera, se escondió en el closet esperando que él se metiera a bañar, en cuanto Andy entró, recibió la llamada de uno de sus agentes que le informaba que Aurora y sus hijos había sido secuestrados, Andy muy enojado gritó:

¿Aurora y sus hijos? ¿Qué clase de profesionales son ustedes? Encuéntrenlos inmediatamente y colgó, iba a informarle a su abuelo pero decidió hacerlo personalmente, así que se metió a bañar.

Josie aprovechó que él estaba dentro del baño para salir de la recámara y bajar las escaleras, ahora sabía que ella era su prisionera, que la habían dado por muerta y que quizás ellos se iban a apoderar de su empresa, la historia del Coronel había sido demasiado buena para ser verdad, qué estúpida había sido, bajó las escaleras y fue directamente a la cocina, no había nadie así que fue al cuarto de servicio, ahí tampoco había nadie pero vio un celular en una de las camas y lo tomó, con él le marcó a Helia, cuando el teléfono de Helia mostró un número que ella no conocía pero de la ciudad donde estaba Juanjo contestó de inmediato, pensó que era algo relacionado con su trabajo, cuál sería su sorpresa al escuchar la voz de Josie, ella le contó todo lo más rápido y mejor que pudo, Helia le dijo que se tranquilizara, que tomara dinero y saliera de esa casa, que se llevara el celular, ella le diría a donde ir.

Como Helia aún no se había ido de la ciudad, le habló a Max, éste estaba en un viaje de negocios en esa ciudad así que le contó y le pidió el favor de que le consiguiera hospedaje, Max no podía creer que Josie estuviera viva y menos que le sería entregada como corderito, sorprendido le dijo a Helia que no se preocupara, que él se haría cargo de ella, Helia le dijo que tomaría un vuelo y que estaría en la ciudad más noche.

Josie logró salir de la casa sin ser vista, nadie esperaba que ella saliera por lo que todos estaban ocupados pensando que ella estaba en su cuarto, como solía estar. Josie caminó mientras buscaba donde sentarse para pedir un taxi, sin embargo uno pasó frente a ella, en cuanto ella le hizo la parada éste se orilló y esperó a que ella subiera, ella no sabía aun a donde dirigirse por lo que le dijo caminara, que le daría la dirección en un momento, le volvió a marcar a Helia y esta le dio instrucciones precisas, Max iba a recogerla en el lobby del hotel Millennium, le explicó que Max era un buen amigo de ella y que era de confiar, así que Josie le dijo al taxista y éste la llevó directamente, cuando llegaron, Josie quiso pagarle al taxista pero no tenía dinero suficiente, iba a armarse un escándalo cuando un hombre se acercó a ella y le dijo:

- Soy Max, amigo de Helia, vengo por ti, yo pago la cuenta -

Dicho eso, pagó la cuenta y llevó a Josie hasta su auto y esperó a que ella se subiera, ya dentro del auto Josie le marcó a Helia, avisándole que estaba con Max. Helia le pidió que se lo pasara y él le dijo que la hospedaría en un hotel, que no se preocupara, que en cuanto todo estuviera arreglado le informaría.

Josie estaba tranquila de saber que había escapado de sus captores sin saber que había caído en las manos del lobo.

Max una vez que colgó con Helia tomó el celular de Josie, lo apagó y se lo guardó en el bolsillo, después hizo lo mismo con el suyo, ahora que Josie estaba en su poder, necesitaba pensar que le iba a decir a Helia y como iba a negociar.

Josie palideció al ver lo que Max hacía, sintió como su vida corría peligro, sin embargo, Max al ver su cara pálida, casi le leyó la mente y le dijo:

- No se preocupe señorita, no le haré daño, solamente voy a negociar su libertad -

Josie intentó abrir la puerta de pasajeros sin lograrlo, después trató de romper las ventanas del auto pero tampoco tuvo éxito, al final, comenzó a arañar a su captor y casi hace que se estrellen por lo que Max se bajó del auto, abrió la puerta y después de recibir patadas, golpes y arañazos, logró controlarla y la amarró lo suficiente para que se quedara quieta. Dio vueltas por la ciudad pensando donde se podría quedar con tan preciada carga y recordó un hotel de mala muerte en el centro de la ciudad, ahí nadie haría preguntas y podría mantenerla prisionera sin gastar una gran fortuna.

Cuando llegaron al hotel a nadie le extrañó que ella llegara amarrada, amordazada e inconsciente, nadie hizo preguntas, Max pagó una semana por adelantado y le dio una propina al tipo de la recepción para que se quedara callado, subió a la habitación y la aventó sobre la cama, necesitaba mantenerla dormida así que comenzó a idear un plan.

Max tenía un buen amigo en la ciudad, había estado preso por lo que no solía juntarse con él, ya que ahora él tenía un puesto que conservar en una buena empresa, sacó un celular de su mochila, le puso el chip y le marcó:

- Thomas ¿cómo estás amigo, cuánto tiempo? -

Thomas de momento no lo reconoció y dijo:

- ¿Con quién hablo? -

- Soy Max, estoy en la ciudad, si te quieres ganar unos cientos, ven al hotel 10 en la 10-

- Max amigo, ahora estoy limpio, no quiero involucrarme en nada ilegal – le dijo Thomas a Max

- ¿Y si te dijera que hay millones de por medio, ¿pensarías lo mismo? -

- Así cambia la cosa amigo, ¿dónde dices que nos veamos? -

- En el hotel 10 en la 10 - le contestó Max

- Nos vemos ahí en media hora - dijo Thomas

- Pero antes necesito que traigas unas cosas – Max le dictó a Thomas todo lo que necesitaba y ambos colgaron.

Ese mismo día, Carlos recibió una llamada donde le informaban que Aurora estaba en su poder y que la obligarían a firmar los documentos a cambio de devolverle a sus hijos. Carlos por fin iba a tener en su poder los documentos necesarios para despojar a la familia Limantour de todo, así que les dijo que en cuanto tuvieran los documentos, que los eliminaran a todos.

Cuando Andy salió de la regadera y se vistió, pensó en ir a saludar a Josie pero como era aún muy temprano decidió dejarla descansar, además no quería que notara su cara de preocupación, por lo que sin hacer casi ruido, salió de la casa y se dirigió a casa del Coronel, cuando llegó, éste ya estaba enterado del asunto de Aurora y recomendó que se citara a Scott y a Juanjo inmediatamente, Andy les marcó a ambos y les dijo que era urgente, cuando estaban todos juntos, Andy les explicó por qué estaba protegiendo a Aurora pero que ahora, no sabían dónde estaba ella ni sus hijos, ya estaban movilizándose y hablando con las autoridades para encontrarlos lo más rápido posible pero aún no tenían pistas suficientes para dar con el paradero de los captores.

Por su parte, Juanjo les informó que había dado con el nombre en común entre el Grupo Limantour y Blue Mountain, éste era Carlos Piamonte, accionista de ambas empresas y Consejero del Grupo Limantour, el Coronel tomó su teléfono y le habló al Presidente del Consejo y le preguntó sobre Carlos, éste le dio pormenores pero nada que los hiciera pensar que era el enemigo, sin embargo, éste dijo que indagaría más al respecto y colgaron.

CAPÍTULO 14. Indagaciones

Todos estaban hablando con sus contactos para averiguar más sobre Carlos Piamonte, el Coronel lo recordaba bien, de hecho, recordaba algo sobre un escándalo de su padre, así que le marcó a uno de sus amigos en la policía y le pidió que lo investigara.

Andy estaba por hacer otra llamada cuando le habló una de las enfermeras de Josie, en cuanto contestó escuchó que la enfermera le decía que Josie había desaparecido, Andy no lo podía creer, con tanto equipo de seguridad y Josie había desaparecido, no podía decir nada porque estaban Scott y Juanjo pero tenía que hacer algo y pronto, se fue al baño y le mandó un texto a su abuelo para que lo alcanzara en la biblioteca, ahí le contó que Josie también había desaparecido, ambos pensaron que ella también había sido secuestrada pero no podían poner en alerta a nadie, primero regresó Andy al salón y al tiempo llegó el Coronel, Andy dijo que saldría por unos momentos para hablar con alguien y se retiró, realmente lo que quería hacer era ir a la casa de la colina y averiguar lo que estaba pasando, cuando llegó, llamó a todo el personal para saber si alguien había visto algo, el jardinero fue el que vio a Josie en el jardín pero no le extrañó porque últimamente daba largos paseos, aunque pensándolo bien, jamás vi que entrara de nuevo a la casa.

Andy pidió que le pusieran los videos de vigilancia, Josie entraba a la habitación de Andy, después entraba él, fueron siguiendo todos los pasos de Josie y se dieron cuenta de que en realidad ella había huido, ¿qué había pasado? ¿por qué ella haría tal cosa? Al menos sabía que no había sido secuestrada, ahora habría que encontrarla.

Le marcó a su abuelo y le dijo lo que sabía, su abuelo seguía en reunión con Scott y con Juanjo por lo que le dijo que fuera con Alan a hablar con el "Búho", Alan lo conocía bien, Alan era el secretario y chofer de Andy pero antes había servido en el ejército bajo el mando del Coronel, por lo que era una de las personas en las que más confiaba, por ello, se lo había asignado a su nieto.

Al colgar el teléfono, el Coronel decidió que era momento de decir la verdad, que Josie estaba viva y que estaba bajo el cuidado de Andy, ambos estaban asombrados, Juanjo fue el primero en reaccionar pero como le temía al Coronel simplemente pidió que le explicara bien la situación, el Coronel le explicó a ambos las razones por las que habían ocultado que Josie estaba viva, como la explicación del Coronel sonaba congruente, ambos decidieron aceptarla ya que al final lo importante era encontrarla y salvarla.

Mientras tanto, Andy le habló a Alan y le explicó la situación, Alan no tardó mucho en llegar con él y en concertar una cita con el "Búho", este era uno de los líderes de las pandillas más peligrosas de la ciudad, también había servido con el Coronel y éste le había salvado la vida en varias ocasiones, por lo que siempre le había sido leal.

En cuanto llegaron, un grupo de maleantes los rodeó, aún y cuando no habían ido en un auto de lujo, se notaba que ellos no eran del barrio, uno de ellos preguntó sus nombres y cuando Alan se presentó, todos se le cuadraron, no fue necesario decir el nombre de Andy, era la primera vez que Alan ostentaba su poder frente a Andy. Alan pidió hablar con el Búho, uno de los pandilleros se retiró y al poco tiempo llegó acompañado de otros dos hombres, estos los escoltaron hasta llegar a donde estaba el famoso Búho, en cuanto llegaron, este pidió que los dejaran solos, Alan le explicó la situación y le presentó a Andy, el nieto del Coronel, el Búho se paró, lo saludó cortésmente y le dijo:

- Me da mucho gusto por fin conocerlo, el Coronel se siente muy orgulloso de usted, espero no lo decepcione -

Andy le regresó el saludo y no dijo nada más, posteriormente, el Búho les dijo que lo acompañaran, éste abrió una puerta y entraron a un pasillo, caminaron por más de 15 minutos hasta que llegaron a una puerta, cuando ésta se abrió, entraron a una sala, lujosa, nada que ver con la pocilga donde los había recibido. Les pidió que se sentaran y les ofreció algo de tomar, como nadie pidió nada se sentó y les dijo:

- ¿Para qué necesitan de los servicios del Búho? -

A Andy le hizo gracias que hablara de sí mismo en tercera persona pero no hizo gesto alguno, Andy le agradeció su disposición a ayudar y le explicó la situación de Josie y la urgencia de localizarla. El Búho lo escuchó con atención y le dijo:

- Mándame unas fotos de ella, pondré a mi gente a buscarla, pero una muchacha como tú la describes, llama mucho la atención y si no cayó en buenas manos no te aseguro que la encuentre intacta o viva -

Alan le mandó las fotos e inmediatamente el Búho las circuló entre sus contactos con la leyenda: Localícenla inmediatamente y me la traen, viva e intacta.

La búsqueda de Josie inició al momento en el que fueron enviadas las fotos, Andy le agradeció y le dijo que cualquier cosa que necesitara, estaba a sus órdenes.

El búho le agradeció y le dijo:

- Entre el Coronel y yo hay una amistad de por vida jovencito, así que no tienes nada que agradecer, estoy a tus servicios siempre que lo necesites, mis hombres los acompañarán a la salida y les entregarán su auto. En cuanto tenga noticias se las haré llegar. Saludos al Coronel -

Dicho esto, el Búho se despidió y se retiró en el momento que llegaban dos hombres y los escoltaban por otra salida, esta vez fueron a dar a un jardín donde estaba su auto esperándolos. Ambos se subieron, nadie dijo nada por un momento, Andy rompió el hielo cuando le dijo a Alan:

- Así que los pandilleros se te cuadran -

- No haga caso señor, iba de parte del Coronel -

- Yo no vi eso, pero si así quieres que lo recuerde, así será -

Dicho eso, Andy cambió la conversación y le dijo:

- En cuanto el búho encuentre a Josie es necesario que nos avise, quiero verla y explicarle lo que realmente está pasando, ella no sabe muchas cosas -

- No tiene nada que explicarme señor, yo lo entiendo, el búho cuidará de ella hasta que usted llegue, no se preocupe -

De regreso a la casa del Coronel, Andy y Alan hablaron de toda la situación con el Grupo Limantour y de Carlos Piamonte, Alan recordaba de algún lado ese nombre por lo que le dijo que iba a investigar más al respecto, cuando llegaron, ya el auto de Andy estaba estacionado frente a la casa, ese era el tipo de cosas que Alan hacía, siempre cuidaba de Andy, de su seguridad y de todo lo que respecta a su vida, incluyendo la personal.

Andy le agradeció y le dijo que él se regresaría solo, que era más importante que Alan investigara a Carlos Piamonte, Andy se bajó del auto y Alan arrancó rumbo al puerto, creía saber dónde había escuchado ese nombre.

Cuando Josie abrió los ojos, aún estaba atada y amordazada, le dolía todo el cuerpo pero no hizo nada, volvió a cerrar los ojos y fingió que seguía inconsciente, escuchó como dos hombres hablaban de ella y de los planes que tenían para ella, uno de ellos, seguramente el que se hacía llamar Max, dijo que negociaría con su jefe, él sabía lo importante que era Josie para él, el otro dijo que quizás si la vendían sacarían más dinero pero Max le dijo que no, que nadie pagaría los millones que su jefe pagaría por ella, así que necesitaban sacarle unas fotos y enviarlas como muestra de que la tenían en su poder ya que los medios de comunicación la habían hecho pasar por muerta, él no sabía dónde había estado Josie ni le importaba, lo relevante era que ahora estaba en su poder y valía muchos millones.

Al poco rato, vio en el identificador una llamada de Helia, él salió de la habitación y le contestó como siempre:

- Hola cariño, ¿a qué hora llegas para ir por ti? -

- Llego mañana temprano, te mando los detalles de mi vuelo, pásame a Josie por favor - dijo Helia

- Josie está dormida, en cuanto despierto le digo que te marque, pero no te preocupes, la estoy cuidando bien -

- Gracias Max, realmente eres un buen hombre, espero no haberte dado muchas molestias - dijo Helia

- No, no es molestia cuidar a tu amiga, se lo mucho que la quieres y lo que ella ha pasado así que, yo la cuido hasta que tu llegues -

- ¡Ay, Max eres tan lindo! – ambos siguieron hablando por un momento hasta que Max se despidió, no podía cortar a Helia porque ella sospecharía, así que ya pensaría que hacer con ella cuando llegara. Terminando la llamada, entró a la habitación y se puso de acuerdo con Thomas para hacerle guardia a Josie. Thomas había traído unos tranquilizantes, cuerda, mordaza, agua y unos sándwiches para los 3, necesitaban que Josie permaneciera viva así que la alimentarían y después la mantendrían dormida hasta que el jefe de Max pagara lo acordado.

CAPÍTULO 15. Sorpresas

Josie había escuchado parte de la conversación de esos dos rufianes y al menos sabía que la necesitaban viva y que no le harían daño, al menos Max no, pero no confiaba en el otro tipo, el que la quería vender como mercancía. Max se acercó a Josie y la despertó bruscamente y le dijo:

- Aquí puedes gritar todo lo que quieras y nadie vendrá a ayudarte, pero si me das mucha lata, te volveré a tapar la boca -

Posteriormente, la ayudó a sentarse, le quitó la mordaza y la alimentó, le dio de beber y cuando ella terminó, comenzó a gritar, ni Thomas ni Max hicieron nada para callarla, pero Max se molestó mucho y le dijo:

- Te lo dije Josie pero no hiciste caso, ahora, te voy a volver a amordazar y no te daré nada de cenar, a ver si vas aprendiendo a obedecer, ustedes los ricos creen que se merecen todo sin esfuerzo, conmigo vas a aprender a obedecer, así que más vale que sigas mis instrucciones al pie de la letra, tengo ordenes de entregarte viva pero no me dijeron en qué estado, así que pórtate bien y no te pasará nada -

Josie asustada, asintió con la cabeza, debía obedecer y comenzar a entender a esos dos matones a ver si podía ella negociar con ellos, no sabía quién era su jefe pero supuso que sería alguien bajo el mando del Coronel o de Andy, ¡qué confiada había sido con ellos!, si su padre viviera al menos sabría que él la estaría buscando pero ahora, sabía que nadie la buscaría porque para todo mundo ella estaba muerta, Andy y el Coronel se habían asegurado de que ella ya no existiera para el mundo. ¿Y Helia? ¿Ella la entregó a sus captores? ¿Y Juanjo, estará también involucrado? Todas esas preguntas daban vuelta en la cabeza de Josie, no podía creer que toda su vida había sido un engaño, ahora no tenía nadie en quien confiar, estaba sola y debía enfrentar todo sola.

Mientras tanto, Andy y el Coronel estaban esperando tener noticias de los investigadores y comenzar a cazar a los criminales, el primero en hablar fue Alan, había ido al puerto a investigar sobre azul Piamonte, aunque había sido Consejero y accionista del grupo Limantour por años no lo conocían del todo, él había llegado a la empresa hacía algunos años a través de otro de los consejeros que ya había fallecido, el cual era amigo del padre de Carlos, Alan recordaba aquel escándalo en el que el padre de Carlos había estado involucrado, pero también recordaba que había sido exonerado, aun así, fue al puerto a preguntar sobre las actividades de la empresa "Blue Mountain", Alan conocía bien el ambiente del puerto, así que supo dónde y a quienes preguntar, el solo hecho de pronunciar su nombre le abría muchas puertas ya que Alan había sido líder de la mafia regional y su padre movía todo a nivel nacional, de hecho el Coronel lo había reclutado cuando fue a dar a la cárcel por primera vez siendo aún menor de edad, regularmente el Coronel visitaba las cárceles de menores en busca de muchachos que pudieran rehabilitarse en el ejército y hacerlos hombres de bien, en cuanto platicó con Alan le llamó la atención lo inteligente y hábil que era, sin embargo, siendo hijo de quien era, iba a ser difícil reclutarlo por lo que localizó a su padre e hicieron un acuerdo, si Alan permanecía limpio y el Coronel lo mantenía bajo su cuidado, estaría de acuerdo en que su hijo se saliera del negocio familiar y que se hiciera un hombre de bien, ya había habido muchas muertes en la familia y era hora que alguno de ellos se salvara. La madre de Alan estaba aliviada de que al menos uno de sus hijos se salvaría por lo que no puso objeción pero sí una condición, que Alan jamás tuviera de nuevo contacto con la familia y que se cambiara de nombre, así que dejó de ser Alan Tudyk para convertirse en Alan Bradley. Así que cuando fue al puerto, usó su verdadero nombre, al escucharlo, todos supieron que era hijo del jefe de jefes y le proporcionaron toda la ayuda que necesitara, nadie quería tener problemas, en poco tiempo, Alan averiguó muchos de los negocios de Carlos y algunos de sus contactos, ya con la información necesaria fue a casa del Coronel y le explicó cómo estaban las cosas y quienes estaban involucrados.

El Coronel hizo un esquema con nombres y cargos y se lo mandó a su gente para que los investigaran y rastrearan, si Carlos era el culpable de todo lo iban a saber muy pronto. El propio Coronel puso al tanto a Scott a Juanjo y a Andy de la situación, así que ahora los 3 estaban tras la pista de quienes estaban involucrados.

Scott fue el primero en asociar uno de los nombres con Carlos, él recordó que Carlos estaba muy involucrado con el despacho jurídico contratado por el Grupo Limantour, así que comenzó a hacer averiguaciones y encontró que Iris, una de las ejecutivas del despacho hablaba frecuentemente con él, eso le hizo pensar que ella pudiera saber algo así que le marcó, desgraciadamente ella no estaba en el despacho así que esperó a que ella le devolviera la llamada.

La realidad es que Iris estaba en una reunión y cuando supo que Scott le había marcado entró en estado de pánico, él jamás le había hablado en todos los años que tenían de trabajar con el Grupo Limantour así que inmediatamente le habló a Carlos y le mencionó que Scott la estaba buscando.

El Coronel no había logrado aún intervenir el teléfono de Carlos pero Scott logró intervenir el de Iris, la llamada fue breve pero interesante, ella le dijo a Carlos que Scott la estaba buscando y Carlos le dijo que se tranquilizara, que seguramente aun no sabría nada y sería para algo relacionado con el despacho, que le regresara la llamada y averiguara qué era lo que quería Scott. Por lo menos ahora sabían que Carlos ocultaba algo.

Después de hablar con Iris, Carlos recibió la llamada de uno de sus muchachos, como él se refería a sus matones, quien le dijo que uno de sus muchachos aseguraba tener a Josie en su poder, aunque él sabía que Josie estaba muerta éste había insistido demasiado y hasta le había mandado fotos que certificaban que era ella por lo que solamente quería hablar con "el jefe" para negociar, Carlos se molestó, le iba a gritar pero en ese momento llegó la foto a su celular, cuando la vio pensó que si no era Josie era alguien demasiado parecida, ¿y si fuera Josie? significaba que… ¿ella estaba viva? Eso cambiaba todas las cosas, de hecho ya no era necesario retener a Aurora y a sus hijos, pero antes de hacer algo, debía estar completamente seguro de que era ella, así que le dijo al muchacho que lo pusiera en contacto con él.

Max estaba nervioso, sabía que si no le creían tendría que hacer algo con Josie, no quería usar el teléfono hasta recibir la llamada de "el jefe" y aunque él no sabía quién era, tenía la seguridad de que era alguien con tanto poder que podría desaparecer a una persona y no pasaría anda, así que, su miedo iba creciendo conforme iba pasando el tiempo, en cierto momento, volteó a ver a Josie, ella seguía dormida, no podían mantener dormida a esa chica por mucho tiempo, era peligroso y aunque Thomas sabía inyectar, no sabía la cantidad correcta por lo que cada vez que la inyectaba Max pensaba que ponía en riesgo el paquete que le daría tanta riqueza, necesitaba agilizar la entrega por lo que le habló a su jefe para averiguar si éste había convencido al "el Jefe" de que él tenía a Josie en su poder, en cuanto el teléfono empezó a sonar escuchó que contestaron, lo único que le dijeron fue que esperara la llamada de "el Jefe" ya éste le giraría instrucciones.

Cuando supo Carlos que Josie probablemente estaría con vida, puso a su gente a investigar en el hospital donde ella había estado internada si alguien la había visto con vida, por más que investigaron, todos hablaban de que ella había muerto en cirugía después del segundo atentado, uno de sus hombres, quien le rendía el informe mencionó que Josie estaba bajo la protección del Coronel y de su nieto, cuando Carlos escuchó esto se sorprendió y al mismo tiempo se enojó, cómo era posible que nadie le hubiera dicho eso antes, una cosa era atacar a Josie la otra era atacar a alguien bajo la protección de gente tan poderosa como el Coronel. Ahora tenía que esconder mejor sus pasos y pensar, si Josie estaba viva y él quería acabar lo que había empezado, debía enfrentar al Coronel, si la dejaba en manos de Max posiblemente éste la mataría y de todas formas el Coronel tarde o temprano sabría que él estaba detrás de todo, así que debía hacer algo y pronto. Tomó su teléfono y le marcó a Max, éste contestó cuando vio en su pantalla que decía "privado", supuso que era "el Jefe", una vez que Carlos escuchó la voz de Max le dijo:

- ¿Cuánto tardas en llegar al restaurant Copérnico de la calle segunda? -

- Como media hora jefe - dijo Max

Con esa información, Carlos comenzó a triangular la posible localización de Max, además de que su gente ya estaba interviniendo el teléfono, así que le dijo:

- Nos vemos en media hora en ese lugar, si comprobamos que "el paquete" es el correcto y viene en buen estado, podremos negociar, si es un engaño ya sabes lo que les espera ti y a tu socio -

Al escuchar esas palabras Max se asustó, ¿sabrán ellos que Thomas lo estaba ayudado? Si es así, seguramente ya saben dónde está, necesitaba trasladar a Josie a otro lugar, eso de llevarla para negociar no era una buena idea así que le dijo a Thomas que se hiciera cargo de ella pero que la sacara de la habitación y se acercara a la ubicación acordada.

En una hora Max llegó al restaurant, la gente de Carlos lo recibió y le dijeron que esperara, al poco tiempo llegó Carlos, a nadie le extrañó que el restaurant estuviera solo, en cuanto Carlos se sentó frente a Max todos se retiraron y los dejaron solos. Max estaba tan nervioso que comenzó a sudar, al verlo Carlos tan nervioso decidió aprovecharse así que le dijo:

- ¿En dónde está "el paquete"? -

- No está aquí – dijo Max nervioso

- Si no está, no tenemos nada que negociar – dijo Carlos

Max se calmó, sacó su celular y le enseñó varios videos donde ellos hablaban con Josie, y la mencionaban por su nombre, Carlos los observó detenidamente, aunque los videos podrían ser un truco, él debía asegurarse de la identidad de esa mujer así que le dijo:

- ¿Qué quieres a cambio? -

- Un millón de dólares jefe - dijo Max sin dudarlo

- Hecho, dijo Carlos, tráeme el paquete y tendrás el dinero - Dijo Carlos

- Así será "jefe" pero lo haré en el lugar y a la hora que yo disponga -

- Está bien, dime dónde y a qué hora y tendrás tu dinero - dijo Carlos y se levantó

Cuando salió, le dijo a su personal que lo siguieran.

Lo que Carlos no sospechaba era que a él también lo estaban siguiendo.

CAPÍTULO 16. ¡Hay que rescatarlos!

Mientras tanto, el Coronel hacía llamada tras llamada para localizar a Aurora y a sus hijos, sabía que "el búho" estaba detrás de Josie así que estaba tranquilo, si había alguien que la podía encontrar, era él. Al poco rato de haber colgado con uno de sus contactos, recibió una llamada de Alan donde le decía que su gente en el extranjero había localizado a Aurora, no sabían nada aún de sus hijos pero podían rescatarla en el momento que el Coronel diera la orden, el Coronel no lo pensó dos veces y dijo: rescátenla, dicho eso, ambos colgaron y el operativo de rescate se puso en marcha. Ahora solo faltaban los muchachos, los habían capturado en la cabaña donde estaban vacacionando por lo que seguirles el rastro no era fácil, sin embargo, sabían que estaban tras la pista correcta y pronto los encontrarían.

El Coronel puso al tanto a Andy y a Juanjo de la situación de Aurora y de sus hijos pero a ellos lo que les interesaba era rescatar a Josie, Juanjo y Andy estaban en el taller cada uno hablando con su gente, de repente a Juanjo le entró la llamada de Helia para decirle que llegaría al día siguiente y que tenía algo importante que contarle acerca de Josie, pero por más que Juanjo preguntó ésta le dijo que era una sorpresa y que quería decírsela cuando llegara, Juanjo le ofreció ir por ella al aeropuerto pero ella le dijo que no, que ya había hecho arreglos para que alguien pasara por ella.

Cuando Juanjo le comentó a Andy lo que le había dicho Helia, Andy le dijo que seguramente su novio pasaría por ella, Juanjo asombrado le mencionó que Helia no tenía novio, al ver que Juanjo no sabía nada del asunto, Andy le entregó el expediente completo de Helia. Juanjo no tenía ni la menor idea de que ella anduviera con alguien, de hecho, siempre pensó que Helia era una mujer rara, a veces demasiado reservada y con un carácter difícil de sobrellevar.

En el expediente, Juanjo pudo ver fotos del novio, de Helia y de ambas familias y había otras fotos, un poco explícitas, en las que no dejaban lugar a dudas de que tenían una relación.

Como Helia estaba vigilada continuamente, ya su gente le había informado que ella había comprado un boleto para el día siguiente, sin embargo, que Helia se lo informara personalmente parecía buena señal, quizás sí se podía confiar en ella, aunque, por otro lado, sentía que había algo raro en su comportamiento por lo que decidió no tomar decisiones apresuradas en cuando a en quien se podía confiar o no,

Mientras Andy esperaba a que Juanjo terminara de leer el expediente recibió una llamada. Para darle espacio a Juanjo, se alejó un poco de él y escuchó atentamente a la persona que le había marcado, la voz del otro lado del auricular le rindió todo un informe y al final Andy le dijo:

- Buen trabajo, síganlos permanentemente a los dos, aquí hay algo raro -

En cuanto colgó la llamada, esperó a que Juanjo terminara de leer, el expediente era amplio pero se podía leer en poco tiempo, ya el análisis tomaría un poco más.

En cuanto Juanjo terminó de leer el documento, Andy le informó que Max, el novio de Helia se había reunido con Carlos Piamonte, por lo que el novio ahora era un enemigo más, sin embargo, no sabían si Helia estaba o no involucrada, pero por la seguridad de Josie y de su familia, supondrían que así era.

Mientras estaban en el taller, Juanjo y Andy actualizaron la información, agregaron nombres en la pizarra y trataron de entender las conexiones para estar seguros de los siguientes pasos que habría que dar, era difícil para Andy ver como Juanjo hablaba de Josie ya que se le notaba que sentía algo más que amistad por ella, trató de apartar esos pensamientos de su mente, ahorita no era momento de sentir celos, debía mantener la relación de camaradería y respeto que tenía con Juanjo si quería mantener a Josie a salvo.

Al momento de pensar en Josie, se dio cuenta de que la amaba profundamente, no se había dado cuenta desde cuándo pero, no se perdonaría jamás si no lograba poner a salvo al amor de su vida.

Andy estaba absorto en sus pensamientos cuando sintió que le tocaron el hombro, era Juanjo repitiendo su nombre, en cuanto Andy lo volteó a ver le dijo:

- Andy, lo vamos a lograr, estamos preparados, el Coronel te ha entrenado bien y por lo que veo, tienen todos los recursos para poner a salvo a Josie y a sus familiares, pero, para lograrlo, necesitamos estar concentrados ya que cualquier distracción puede poner en peligro todo -

- Lo sé Juanjo, por eso tengo todos mis recursos enfocados a lograrlo, entre ellos mi mente -

- Perfecto, continuemos entonces, el Coronel ya está encargándose de Aurora y de sus hijos, nosotros enfoquémonos en Josie y sus enemigos -

Mientras ellos analizaban la información y revisaban sus estrategias, Alan organizaban un comando para rescatar a Aurora, quienes la tenían en su poder era gente entrenada ya que además de entrenamiento militar, tenían conocimientos técnicos y tecnológicos muy avanzados, quienes estaban detrás de esto seguramente era gente muy poderosa.

Alan estaba a cargo del rescate por lo que su prioridad era rescatar con vida a Aurora y a sus hijos, esa era su única orden y se debía hacer, cueste lo que cueste, esas habían sido las órdenes del Coronel.

En cuanto su equipo estaba listo, les dio la señal de rescatar al objetivo, el despliegue de las fuerzas de Alan fue impresionante, su gente era rápida y silenciosa, de hecho, se enorgullecía de que ese comando tenía por sobrenombre "los fantasmas" ya que ni se oían ni se veían hasta que ya era demasiado tarde. Y en esta ocasión no fueron la excepción, en poco tiempo, tenían sometidos a los guardias, entraron a la cabaña donde estaba Aurora y en pocos minutos capturaron a todo el personal, Aurora estaba en una de las habitaciones de la cabaña, inconsciente, por lo que la tuvieron que cargar para ponerla a salvo. Realmente, si les daban a escoger, preferían rescatar gente inconsciente porque hace menos ruido y no hay que explicarles nada, pero, pocas veces se mencionaba en los ejercicios de entrenamiento.

Para asegurarse de que Aurora estuviera en buen estado de salud, se comunicaron con el médico designado y la llevaron a una de las clínicas que el Coronel tenía destinadas a trabajos encubiertos.

Una vez en la clínica los médicos procedieron a revisar signos vitales y posteriormente a hacer todo tipo de estudios para cerciorarse de que todo estuviera bien y para anotar en su expediente lo que encontraran, como señales de violencia física, ya que despertara, procederían a revisar su estado de salud mental.

Mientras un equipo entregaba a Aurora, otro aislaba a los prisioneros para proceder a los interrogatorios obligados, el Coronel también contaba con instalaciones para ello en todo el mundo, por lo que los prisioneros estaban no solo custodiados sino aislados del mundo, a algunos de ellos se les hizo creer que fueron transportados a otro país, a otros se les dijo que simplemente se desharían de ellos y por último a los que detectaron como las cabecillas del equipo, estos fueron aislados y llevados desnudos e inconscientes a las instalaciones de máxima seguridad de lo que parecería un hospital para enfermos mentales ya que colocaron a cada uno de ellos en un cuarto aislado, a prueba de ruidos y acolchonado.

El procedimiento dictaba que una vez que capturaban prisioneros, estos debían ser amarrados de pies y manos y se les debía colocar un aparato bucal para evitar que muevan la lengua y que muerdan, ya que algunos de ellos aun usaban las viejas tácticas de traer veneno en alguna cavidad bucal. Con esto se aseguraban de no perder a ninguno de los prisioneros, al menos no por ese método.

Mientras todo este operativo se llevaba a cabo, Alan mantenía al Coronel informado detalladamente, le mandaron fotos y expedientes de quienes pudieron identificar y le comunicaron que procederían a interrogarlos.

Todos los prisioneros, sin excepción, estaban entrenados para resistir tortura así que ese no sería el método que usarían con ellos, Alan le llamó al equipo de interrogación especial, este equipo, conocía técnicas muy antiguas para obtener información de manera hostil sin tocar al enemigo, también estaban entrenados en nuevas técnicas con uso de tecnología avanzada para intervenir el cerebro lo suficiente para que el prisionero comenzara a hablar sin censura, por así decirlo.

El interrogatorio comenzó, uno por uno fue interrogado con la técnica que cada uno de ellos requería y aun así se tardaron algunas horas, cuando obtuvieron la información que necesaria, le informaron a Alan.

Con la información obtenida, pudieron localizar a los hijos de Aurora y ponerlos a salvo, ambos fueron llevados a la clínica para revisar su estado de salud.

Cuando Alan le informó al Coronel del éxito de la operación, el Coronel le dio las gracias y le dijo que la seguridad de esos 3 era su prioridad por lo que su trabajo aun no terminaba. Alan acató las órdenes del Coronel y se dispuso a seguirlas.

Al poco rato, el Coronel le informó a Andy que ya su gente tenía en su poder a Aurora y a los muchachos. Le informó, sin explicar los detalles, que obtuvieron el paradero de los muchachos del personal que la tenía prisionera y que los 3 estaban siendo atendidos clínicamente para conocer su estado de salud física y mental.

CAPÍTULO 17. El paradero de Josie

Ya con Aurora y sus hijos a salvo, ahora solamente faltaba localizar y poner a salvo a Josie. Andy le informó al Coronel de la conexión entre Max, el novio de Helia y Carlos Piamonte, el Coronel estaba enterado de que Helia tenía novio pero no de que éste de alguna forma estaba conectado con Carlos, esto le llamó la atención ya que demostraba que lo que estaba pasando estaba cuidadosamente planeado, eso lo preocupó aún más, Josie corría más peligro del que imaginaban, sin embargo, no quiso compartir sus pensamientos para no preocupar a su nieto y a Juanjo, ya habría tiempo de platicarlo con Max, aun no le quedaba claro la participación de Helia, pero, como su nieto había dicho, por la seguridad de Josie, tendrían que suponer que era un enemigo más.

Considerando que Helia era amiga de Josie desde hacía muchos años, era difícil saber desde cuando existían los planes para eliminarla de la herencia, si era una verdadera amiga o simplemente era una pieza más en el rompecabezas ideado por Carlos Piamonte.

Todo esto pasaba por la mente del Coronel, había que rescatar a Josie y a las empresas del Grupo Limantour, además de Max, el Coronel tenía un equipo completo monitoreando todas las operaciones del grupo, cualquier movimiento de dinero era rastreado por un programa espía que habían instalado.

El Coronel se puso en contacto con Scott, el primo de Josie, quien ya estaba al tanto de todo, sin embargo, el Coronel quería comentar algunas cosas con él, no le quedaba claro cómo se les pudo pasar a los investigadores la conexión entre Max, el novio de Helia y Carlos Piamonte, quizás Scott tenía información que no habían tomado en cuenta así que, decidió que era momento de desenterrar algunos recuerdos.

Scott tenía a su cargo, proteger al Grupo Limantour y al mismo tiempo desenmascarar a los culpables, cuando establecieron que Scott era inocente de todo, decidieron que su participación para salvar a Josie y al Grupo era indispensable, sin embargo, cuando platicaron con él, éste puso una sola condición para colaborar con ellos, y esa condición era rescatar y limpiar el nombre de su padre.

El Coronel al principio no estuvo de acuerdo pero poco a poco se fue convenciendo de que era lo mejor para Josie, limpiar por completo el nombre de su familia era algo muy importante por el bien del Grupo y de todos, así que accedió. Esta decisión ayudó a que Scott estuviera completamente alineado con el Coronel, con Andy y Juanjo; desde ese momento, fue una parte muy importante en el equipo, y aunque Juanjo no confiaba en Scott inicialmente, con el tiempo aprendió a reconocer la gran ayuda y conocimientos que él aportaba, al fin de cuentas, era primo de Josie y quería proteger los intereses de su familia.

Desde un principio, a Scott le quedó claro que en un futuro, el control del Grupo estaría en manos de Josie, y, aunque Josie era joven, sabía con certeza que era lo suficientemente inteligente para rodearse de personas talentosas que la ayudarían en ello, claro, él estaba dispuesto a hacer lo que fuera necesario para que su prima tuviera éxito.

Ahora que Scott conocía la verdad, sabía que ella y su padre eran completamente inocentes, tan inocente como él y su propio padre, el problema era su madre, ella siempre había sido muy ambiciosa y durante mucho tiempo envenenó a la familia hablando mal de Josie y de sus padres, Scott había tratado de razonar con su madre en muchas ocasiones y ella no quería entender que ellos eran tan inocentes como ellos mismos, pero, hasta el momento, no lo había logrado por lo que, mientras eso no sucediera, no le informó sobre los problemas que había en el Grupo ni que Josie realmente estaba viva, primero quería que su madre entendiera bien la situación familiar para después ponerla al tanto de todo.

Scott sabía que el Coronel traería sana y salva a su prima, el poder económico del Coronel era inmenso y había el rumor de que era la cabeza de un grupo de inteligencia internacional, por lo que estaba tranquilo por ese lado, además, contar con un aliado como él iba a ser muy importante para salvar al Grupo y quizás, con el tiempo, se abría la posibilidad de lograr algún tipo de alianza, sobre todo, si su nieto estaba enamorado de su prima, como al parecer, estaba sucediendo.

Por lo pronto, Scott estaba consciente de su responsabilidad, proteger al Grupo Limantour y exponer a sus enemigos. Desgraciadamente, en la única persona que él podía confiar, era en el Presidente del Consejo así que junto con él y un equipo de abogados, fiscalistas y administradores externos, establecieron diferentes medidas de control, supervisión y hasta de emergencia, en caso de que esto fuera necesario.

Por otro lado, el Coronel había puesto en contacto a Scott con un equipo especializado de la policía para que estos le ayudaran y colaboraran en lo que fuera necesario.

Por cuestiones de seguridad, habían decidido que Scott no participara personalmente en las reuniones entre Andy, Juanjo y el Coronel pero se habían establecido diferentes mecanismos de comunicación permanente, por lo que entre ellos, siempre sabían lo que cada uno estaba haciendo y sus avances.

Cuando el Coronel estaba platicando con Scott, ambos cayeron en cuenta que aún y cuando Helia había sido vigilada permanentemente y así mismo su novio, no podían entender cómo se les había pasado la conexión entre Max y Carlos Piamonte, por lo que el Coronel necesitaba ahondar en ese asunto.

El Coronel le hizo varias preguntas a Scott sobre su infancia y os recuerdos que este tuviera de su propio padre antes de que se enemistara con el padre de Josie, Scott le contó todo lo que recordaba sin pensar que hubiera algo de utilidad, también le relató como su madre siempre había considerado a la madre de Josie como una amiga pero, que a raíz del pleito, todo cambió, desde aquella ocasión, su madre comenzó a cambiar, de ser una mujer alegre poco a poco se fue convirtiendo en una mujer ambiciosa que constantemente peleaba con su padre.

Scott siguió relatándole eventos familiares, sin entender qué era lo que el Coronel estaba buscando, cuando Scott terminó de relatar sus recuerdos, el Coronel le dio las gracias y le dijo que posiblemente entre esos recuerdos, encontrarían algo de utilidad.

Cuando terminó la llamada, Scott le dio un trago a su bebida y reflexionó en la forma en la que el Coronel, en minutos, había logrado que hablara de cosas que jamás le había revelado a nadie, inclusive, algunos secretos familiares que hubiera preferido no revelar, la habilidad del Coronel era incuestionable, se alegró de que ese hombre fuera su aliado y no su enemigo.

Scott estaba al tanto de que Max, el novio de Josie era el encargado de monitorear los embarques lo que no sabía es que ahora Max tenía en su poder a Josie y que éste sería capaz de cualquier cosa a cambio de una buena cantidad de dinero.

Scott ya tenía bien monitoreadas las transacciones de Blue Mountain y la relación con las empresas del Grupo, solo estaba esperando la señal del Coronel para hacer algo que pusiera en alerta a Carlos y que este hiciera algún movimiento que descubriera a sus cómplices, sin embargo, la desaparición de Josie hizo que esto se pusiera en pausa, no podían arriesgarla.

Scott volvió a leer el documento que tenía en la mano, algo no le sonaba, así que le llamó a uno de sus ejecutivos y comenzó a preguntarle sobre esa transacción, en cierto momento notó que éste se comenzaba a poner muy nervioso así que, le bajó el tono y amigablemente tratando de tranquilizarlo sin conseguirlo, así que decidió quedarse callado por un momento pero sin dejar de ver a los ojos al ejecutivo. Este no aguantó la presión y le dijo que lo habían presionado, Scott se levantó y sentándose frente a él le dijo:

- Mira, nos conocemos hace tiempo, de hecho conozco a tu esposa y a tus hijos, no te preocupes, si me cuentas todo lo que sabes, me encargaré de que ellos siempre estén bien -

El hombre agachó la cabeza y le contó cómo fue presionado por gente de Carlos Piamonte, le relató quienes lo habían amenazado con contarle a su esposa que éste tenía otra familia, una vez aceptado su error fue extorsionado en varias ocasiones y ésta era la más reciente, le platicó una a una las operaciones que se habían llevado a cabo con nombres y fechas, para ello, éste sacó una pequeña libreta del bolsillo de su pantalón y se la entregó a Scott diciéndole que ahí estaba todo, nombres, fechas y transacciones, desde la primera hasta la última, que estaba muy arrepentido de haber traicionado a la empresa pero que no quería perder a su familia.

Scott le dijo que, no le aseguraba que no se tomarían medidas legales en su contra, pero que él buscaría que su castigo legal fuera lo menos posible, pero, que tenía que hablar con su esposa y que le explicara lo que iba a pasar. Además agregó que a partir de ese día estaría de vacaciones y que un equipo de vigilancia lo iba a monitorear. Por lo pronto, no voy a hacer nada más que entregar esto a mi equipo de investigación así que te recomiendo que al salir de aquí, te tranquilices, sonrías y te dirijas a tu casa y arregles tus asuntos.

El ejecutivo sabía que la palabra de Scott era suficiente para confiar en él, así que le agradeció e hizo lo que Scott le había recomendado. Siguiendo el procedimiento establecido, le informó al Coronel y al resto del equipo de su descubrimiento.

Scott le entregó la libreta a su equipo y el asunto comenzó a investigarse, con esto, seguramente tendrían más pruebas para atrapar a Carlos pero, ahora contaban con los nombres de algunos de sus colaboradores, se establecieron medidas de monitoreo y poco a poco fueron llamados, uno a uno, estableciendo medidas para que éstos no pusieran en alerta a Carlos ni a las empresas del Grupo.

Alan, por instrucciones de Andy, había establecido el sistema de vigilancia del personal señalado por el equipo de Scott, para ello, unieron fuerzas él y "el búho", era necesario establecer medidas de protección internacional.

Cuando Alan terminó la reunión, se dirigió a su auto, estaba por encenderlo cuando una persona de su equipo le informó que ya tenían localizada a Josie y que se estaban dirigiendo al hotel donde se hospedaba, Alan le pidió que lo mantuvieran informado, dada la importancia, decidió no informarle a Andy hasta no asegurarse de que habían rescatado a Josie o al menos de que la tenían monitoreada.

A los pocos minutos, le comunicaron que cuando llegaron al hotel, ya la habitación estaba desocupada, ahora había que buscarla de nuevo, pero al menos ahora tenían un punto de partida, las cámaras de seguridad del hotel.

CAPÍTULO 18. Seremos ricos

Saliendo del restaurante, Max se comunicó con Thomas para saber dónde estaban él y Josie, sin embargo, cuando Thomas se la iba a decir, lo calló y le dijo, mejor no me lo digas, sospecho que estamos siendo vigilados, espero hayas tomado las debidas medidas para proteger el paquete, Thomas le respondió que sí, que él también sospechó que lo vigilaban y que estaba en un lugar seguro.

Usando palabras clave, se puso de acuerdo con Thomas, para escoger el lugar y la hora del intercambio, una vez acordado con Thomas, Max le marcó a Carlos y le dijo, ahora que sé lo importante que el paquete es para usted, mis instrucciones son las siguientes:

- El paquete será entregado mañana en la estación de trenes de la calle 10, yo le diré la hora del intercambio hasta mañana – dicho esto colgó, estaba tan orgulloso de haber negociado y de que todo iba saliendo bien que se le olvidó que Helia llegaba precisamente ese día.

Al día siguiente, Max se levantó temprano, había pedido una habitación de hotel muy cerca de la escalera de servicio por si tenía que salir huyendo, no había dormido bien por lo que se sentía cansado, así que se metió a bañar, cuando salió, revisó su celular y vio un mensaje de Helia que decía:

- Qué emoción Max, pronto estaremos juntos y además veré a Josie, nos vemos en una hora -

En cuanto lo leyó pensó en no contestarle pero no podía dejar cabos sueltos por lo que le dijo que él también estaba emocionado de verla y que su amiga estaba a salvo con él, que ambos irían por ella al aeropuerto.

Para no llegar tarde, se vistió rápido y salió rumbo al aeropuerto, apenas si alcanzó a llegar a tiempo, en cuanto Helia lo vio, se abalanzó y lo abrazarlo, Max la abrazó de vuelta pensando que ya pronto acabaría su calvario, Helia sin notar ningún cambio en él, le preguntó por Josie, Max le dijo que se había quedado en el hotel porque se sentía aun cansada, Helia aceptó su explicación y juntos fueron al estacionamiento. En cuanto ella se sentó en el asiento del copiloto Max bajó los botones de las puertas y le dijo:

- Ya te extrañaba Helia -

Helia se le quedó viendo y le dijo:

- Yo también -

- Te tengo una sorpresa – le dijo Max y no volvió a emitir palabra alguna en todo el trayecto.

Max seguía conduciendo el auto en silencio, en cierto momento Helia se puso nerviosa y le preguntó hacia donde iban y éste simplemente le contestó con un "ya lo verás" y siguió conduciendo, de nuevo en silencio.

Cuando Max consideró que era lo suficientemente lejos, con una gran sonrisa en os labios, le pidió a Helia que bajara del auto, ella al ver su sonrisa, se tranquilizó, hasta pensó que le iba a proponer matrimonio en algún lugar romántico, por lo que accedió también con una sonrisa.

Él, vio como Helia bajaba del auto, le dijo hacia donde caminara mientras él también se bajaba del auto para alcanzarla, cuando llegó a su lado, la tomó de la mano y la llevó hacia el bosque, ella confirmó sus pensamientos, pensó que se le iba a declarar de nuevo, ya nerviosa ella comenzó a decir un montón de cosas que Max no escuchó, en cuanto llegaron a un paraje rodeado de árboles Max sacó un arma y le dijo:

- Lo siento Helia pero ya no te necesito – dicho eso se oyeron varios disparos y un grito, Max salió del bosque solo y se subió al auto, verificó de nuevo que no hubiera autos cercanos y se marchó. Ya en el auto le habló a Carlos para fijar la hora de la entrega y posteriormente le habló a Thomas para decirle que todo había salido según lo acordado, que pronto serían hombres ricos.

Al poco tiempo, unos hombres se adentraron en el bosque, tomaron el cuerpo de Helia y lo subieron a un auto.

Cuando Max llegó a la estación de trenes ya Carlos lo estaba esperando con el dinero, Carlos sabía la importancia del paquete por lo que no podía dejarlo en manos de alguien que lo pusiera en peligro, si el Coronel estaba protegiendo a Josie como le habían informado, tenía que asegurarse de que las cosas salieran bien, así que se acercó a Max abrió el maletín para que éste se asegurara del contenido y le preguntó por el paquete.

Al ver el dinero, Max le envió un mensaje de texto a Thomas y éste llegó con una gran maleta de lona negra, como las que usan los soldados y la dejó en el suelo de uno de los andenes, le informó a Max el lugar y éste le dijo que el paquete estaba en el andén 8.

Los hombres de Carlos fueron por el paquete, lo abrieron y verificaron que dentro estaba una persona, inconsciente pero viva y le notificaron a su jefe. Ya se iban a retirar cuando un equipo de los hombres de "el búho", los interceptaron y tomaron prisioneros sin darles tiempo a defenderse, mientras lo hacían uno de ellos abrió la maleta y cuál sería su sorpresa que al ver su contenido se hizo para atrás, pasada la sorpresa, se volvió a acercar y confirmó lo que sus ojos habían visto con anterioridad, "Esa era Josie, la mujer que habían estado buscando los últimos días", al seguir a Max habían encontrado a Josie.

Inmediatamente la sacaron de ahí y verificaron sus signos vitales, estaba viva pero débil, le avisaron a "el búho" y este le informó al Coronel y a Andy agregando que le había ordenado a su gente que la llevaran inmediatamente al hospital.

Mientras tanto, otro comando, estaba interceptando a Carlos y a Max, la gente de Carlos comenzó a disparar para proteger a su jefe por lo que se inició un tiroteo en el que Max resultó herido, Carlos intentó escapar pero al final, no pudo.

El personal de Carlos así como Thomas fueron llevados al lugar designados para ser interrogados.

Las órdenes del Coronel fueron: "llevar vivos a Carlos y a Max ante él", así que sus hombres así lo hicieron, una vez que Carlos estaba frente al Coronel éste se dio cuenta de que todo había terminado.

Por otro lado, Alan se comunicó con Andy para informarle que traían el cuerpo de Helia, en resumen, le dijeron que Max la había asesinado, que no habían alcanzado a salvarla, Alan y "el búho" estaban trabajando juntos cuando supieron la conexión de

Max con Carlos, por ello un equipo monitoreó a Carlos y otro a Thomas, sin saber que Josie estaba en sus manos.

Andy se comunicó con Scott y le informó que ya estaba Josie en buenas manos y que iba rumbo al hospital a conocer su estado de salud, posteriormente se comunicó con Juanjo para ponerlo al tanto de la situación de Helia y de Josie, le pidió además, que se encargara de todo lo referente a Helia y de su funeral, las circunstancias de su muerte demostraban que ella era una víctima más por lo que merecía tener un funeral, por lo que había que comunicárselo a sus padres. Juanjo aceptó la encomienda y no pudo evitar entristecerse, Helia había sido una buena amiga después de todo.

Mientras se dirigía al hospital, Juanjo se comunicó con los padres de ella diciéndoles que la habían asaltado y que desgraciadamente había muerto, Juanjo decidió mentir ya que era lo mejor para evitarle el escándalo a la familia de Helia y a Josie, además les dijo que no se preocuparan, que él se haría cargo de enviarles el cuerpo para que se llevaran a cabo los funerales según las costumbres de su país y de su familia.

Para respaldar la información dada a la familia de Helia, le fue comunicada la versión oficial a Alan para que éste hiciera los arreglos pertinentes.

En cuanto Andy llegó al hospital de su abuelo, se dirigió al edificio donde seguramente había sido entregada, preguntó en la recepción y lo llevaron hasta su habitación, esa ala del hospital estaba reservada permanentemente para pacientes enviados por el Coronel, por lo que quien era internado era considerado como VIP y todo el personal trabajaba con esa consigna. La seguridad y los médicos de esa área eran miembros de la organización del Coronel por lo que estaban entrenados para proteger y resguardar la salud e identidad de sus pacientes.

Como Andy era nieto del Coronel y Josie ya había estado internada ahí mismo, cuando llegó Andy ya sabían a quién iba a buscar por lo que inmediatamente lo guiaron a su habitación mientras le informaban al médico que Andy estaba en el hospital preguntando por el estado de salud de su paciente.

El galeno llegó a la habitación pocos minutos después de Andy por lo que en cuanto lo vio le informó que el estado de salud de Josie era delicado ya que se le había suministrado una cantidad peligrosa de drogas, sin embargo, ella estaba bien, que estaba desnutrida y deshidratada pero que fuera de eso, no mostraba un cuadro clínico por el cual preocuparse. Con unos cuantos días internada y los cuidados correspondientes, Josie estaría ya recuperada. Andy le agradeció el informe al médico y éste se retiró.

Josie aún estaba inconsciente por lo que Andy decidió esperar a que despertara, al poco tiempo llegó Juanjo y ambos se sentaron a esperar, después llegaron el Coronel y Scott y para no molestar a Josie se pasaron todos a la sala contigua a la habitación, Andy los puso al tanto del estado de salud de Josie, teniendo ya la seguridad de que Josie estaba bien, los cuatro se quedaron callados, absortos en sus pensamientos.

Capítulo 19. Visita sorpresa

Mientras los 4 esperaban a que Josie despertara, en cierto momento se abrió la puerta y entró una persona que nadie esperaba, esa persona era Rebecca, se había enterado de que Andy estaba en el hospital y quiso ir a saludarlo, quería reconquistarlo a como diera lugar.

Todos la voltearon a ver pero antes de que alguien pudiera decir algo, entró un médico y les informó que seguramente la paciente no tardaba en despertar. Andy y Juanjo se pararon casi al mismo tiempo y fueron al cuarto de Josie. El primero que entró fue Juanjo, después Andy y finalmente Rebecca, aun y cuando el Coronel intentó detenerla ella pudo zafarse y los siguió, cuando vio que era una mujer por la que Andy estaba en el hospital su rabia fue tal que comenzó a hacer un escándalo, Juanjo entendía muy bien lo que estaba pasando, aquella mujer estaba decidida a recuperar a Andy y en su desesperación, ella le reclamaba gritando que aún era su prometido y que la estaba engañando con otra mujer, Andy la sacó del cuarto casi a empujones para evitar que Josie escuchara los gritos pero era demasiado tarde.

El Coronel se dirigió al cuarto y ayudó a Andy a sacar a Rebecca, les pidió a sus guardias que la llevaran a otra habitación para platicar con ella. Mientras tanto Scott se divertía con el espectáculo; para nadie del círculo social de Andy era desconocido que Andy y Rebecca se habían comprometido, había sido una gran sorpresa porque Rebecca no era una mujer del círculo social de Andy y aunque era muy bella la noticia había sido tomada con asombro.

Scott sabía que no había forma en la que Andy volviera con ella después de que ella lo había dejado plantado el día de su boda y había desaparecido. Por mucho tiempo Andy había llorado y buscado a Rebecca hasta que un día descubrió la verdad y nunca más quiso volver a verla. Scott no sabía a ciencia cierta lo que había pasado, había muchos rumores al respecto, desde que ella había sido secuestrada hasta que ella había huido con otro hombre, con el tiempo, la sociedad la olvidó hasta que reapareció como ejecutiva de una gran empresa.

Scott estaba seguro de que Andy ya no la amaba, por eso cuando él le dijo que estaba enamorado de su prima, éste no se opuso.

Ver a Rebecca de nuevo fue muy interesante, parecía que esa mujer no iba a soltar a Andy fácilmente, así que como todo buen caballero, simplemente se sentó a observar el espectáculo. Era divertido ver la caras de Andy y de Juanjo, dos hombres enamorados de la misma mujer.

Cuando notó que su prima estaba despierta tratando de reconocer el lugar, se levantó y se sentó al lado de Juanjo, cuando Josie comenzó a observar a su alrededor quiso identificar donde se encontraba pero en cuanto vio la cara de Juanjo se puso pálida, Scott al verla la tomó de la mano y le dijo:

- Prima, no te asustes, estas en buenas manos, tranquilízate, deja que Juanjo te explique -

Josie no podía creer lo que veía, estaba en el hospital, de nuevo, había sido prisionera, se había escapado para caer de nuevo en manos de alguien que le quería hacer daño, ¿qué estaba haciendo en el hospital y cómo había llegado ahí?, no lo sabía. Lo último que recordaba es que estaba en una habitación, amarrada a una cama y cuando despertaba una persona le inyectaba algo que volvía a hacer que se durmiera.

Josie se sentía muy débil como para gritar por lo que viendo a su primo y con voz baja le dijo:

- Primo, no sé qué está pasando ni porqué estoy en el hospital, ayúdame por favor, yo jamás te he hecho daño -

Scott se enterneció, su prima siempre había sido buena con él pero por un tiempo él la había culpado de la desdicha de su familia, ahora sabía que nada de eso era verdad, así que, acercándose a ella le dijo:

- Josie, ya lo sé, tranquilízate, estas en buenas manos, Juanjo, Andy y el Coronel te rescataron, no sabes todo lo que han hecho para mantenerte a salvo, permite que Juanjo te explique -

- Andy, ¿y esa mujer? -

- No lo sé, ya te explicará Andy cuando regrese, por lo pronto, escucha a Juanjo que tiene mucho que decirte -

La voz de Scott tranquilizó a Josie, ella sabía que aun y cuando su primo a veces la trataba mal, no era una mala persona, inclusive la había defendido en algunas ocasiones, así que decidió escuchar a Juanjo.

Juanjo iba a comenzar a explicarle cuando llegó un médico acompañado de una enfermera y les pidió amablemente que salieran de la habitación.

Juanjo y Scott salieron a la sala y cerraron la puerta para darles privacidad.

Ahí, Juanjo aprovechó para preguntarle a Scott si Andy había vuelto o no con Rebecca, Scott le explicó que seguramente no, pero que seguramente Rebecca estaba empeñada en reconquistarlo, verás, Andy no solamente es un buen partido sino que seguramente va a ser el heredero universal del Coronel.

Yo estoy seguro de que Andy no ama a Rebecca, no creo que él perdone a una mujer que lo dejó plantado en el altar para luego desaparecer de manera misteriosa.

Mientras escuchaba las palabras de Scott, Juanjo sonrió al saber que Andy tendría problemas con Josie, Scott notó la sonrisa y le dijo:

- No sonrías, en cuanto Josie despertó, por el único que preguntó fue por Andy -

Esas palabras le borraron la sonrisa a Juanjo, sabía que Andy era un buen hombre pero por un momento, quiso pensar que aún tenía una oportunidad con Josie.

Cuando Scott vio como le cambiaba la cara a Juanjo le dijo:

- Ahora lo importante, es tranquilizar a mi prima. Ya que salga el médico habla con ella, yo estaré a tu lado para que mi prima esté tranquila pero, necesitas que ella entienda muy bien que ustedes no son el enemigo -

Mientras Scott hablaba con Juanjo, en la habitación contigua estaban Rebecca, el Coronel y Andy, éste último trataba de que ella entrara en razón, puso en claro que su compromiso ya se había terminado y que cesara en su empeño de volver porque eso no era posible. Él estaba enamorado de otra mujer y eso no iba a cambiar. Además, le recordó las circunstancias por las que habían terminado y que si no quería un escándalo era prudente que ya se tranquilizara y diera por terminado el asunto.

Rebecca le intentó explicar las circunstancias que hicieron que ella no llegara a la boda, no era la primera ocasión que lo intentaba pero Andy nunca había querido escucharla, Andy sabía la verdad, de hecho, si ella le hubiera dicho él la habría ayudado y la habría protegido, pero, ella decidió engañarlo y huir con aquél hombre sin comunicarse jamás con Andy para al menos explicarle las cosas, Rebecca no era una buena mujer y Andy ya lo había entendido, su abuelo se lo había dicho en varias ocasiones pero Andy estaba lo suficientemente enamorado para no escuchar la verdad. Ahora, era otro hombre, más maduro y agradecía no haberse casado con esa mujer.

Rebecca siguió reclamando y pidiéndole a Andy que la escuchara, Andy le pidió que al menos bajara el tono de voz para que pudieran hablar tranquilamente, ella accedió y cuando iba a explicarle Andy le dijo:

- Si me vas a explicar por qué huiste con tu exnovio y porque jamás te comunicaste conmigo ni lo intentes, lo sé todo, incluyendo las circunstancias de su muerte, así que, entiende bien las cosas, lo nuestro terminó y espero que lo entiendas, jamás volveré contigo, no pretendo hacerte daño alguno con lo que sé pero si es necesario lo haré para que me dejes en paz -

Rebecca se dejó caer en un sillón, estaba derrotada, por esta ocasión, sin embargo, respiró y tomando aire le dijo:

- Haz lo que quieras, no me interesa, pero jamás dejaré que seas feliz con otra mujer que no sea yo -

En ese momento, el Coronel se paró frente a ella y le dijo:

- Mira muchacha, yo siempre supe dónde estabas, nunca se lo dije a Andy porque sabía que no eras una buena mujer y además porque estaba seguro de que eventualmente él te encontraría y sabría la verdad, lo que mi nieto no sabe, es todo lo demás que tú y tu familia han hecho, provienes de una familia de delincuentes y tú eres uno de ellos, yo tengo todas las pruebas que demuestran los fraudes de tu padre y de tus hermanos y los tuyos, se las circunstancias en las que obtuvieron ustedes su fortuna, así que no solamente te destruiría a ti la verdad sino a toda tu familia y si no dejas a mi nieto en paz, no dejaré en paz a tu familia, ¿ahora sí entendiste? -

Rebecca quiso decir algo pero ahora sabía el poder del Coronel, antes, cuando era la prometida de Andy solamente sabía que eran muy ricos pero no del gran poder que tenían. Esta vez, la amenaza fue suficiente para entender que todo estaba perdido y que Andy jamás sería suyo, así que comenzó a llorar, le pidió perdón a Andy y volteando a ver al Coronel le dijo que dejara en paz a su familia, que ella jamás insistiría en volver a ver a Andy.

Andy y el Coronel quedaron satisfechos, Andy le pidió que se fuera, ella accedió, tomó su bolso y salió de la habitación, afuera la esperaba un hombre, vestido de militar, el cual la custodió hasta el estacionamiento del nosocomio y la dejó ir.

Andy se comunicó con Alan y le dio instrucciones para que mantuvieran vigilada a Rebecca y que jamás se acercara a su familia o a la de Josie, agregó que ella era peligrosa y debía ser tratada como tal.

El Coronel estaba satisfecho con la madurez e inteligencia de su nieto por lo que sabía que éste se haría cargo de su propia seguridad, sin embargo, hablaría con su personal para darles instrucciones al respecto.

Una vez que Andy aclarara las cosas con Josie, tenía que hablar con su nieto de algo muy importante, pero, había que esperar.

Capítulo 20. Perdón

Andy y el Coronel regresaron a la habitación de Josie, cuando entraron, Scott les dijo que el médico estaba con ella así que todos esperaron a que el médico saliera. Cuando la puerta de la habitación se abrió alcanzaron a escuchar como Josie estaba llorando y que una enfermera trataba de tranquilizarla.

El médico se acercó al Coronel y le pidió hablar con él en privado.

Una vez que salieron de la habitación, el médico le explicó al Coronel que Josie tenía miedo y que le había dicho que ellos la habían secuestrado, el Coronel le explicó al médico, sin lujo de detalles, como su familia realmente la estaba protegiendo. El médico había leído el expediente clínico de Josie por lo que sabía que había sufrido lesiones por disparo de arma de fuego, además conocía al Coronel y sabía que no era capaz de hacer nada de lo que ella lo acusaba, aun así le dijo que era su deber informarlo a la policía y el Coronel le dio el nombre de uno de los comandantes de policía que lo pondría al tanto del asunto, que si aun así su conciencia lo obligaba a denunciarlo, que lo hiciera.

El médico se despidió cortésmente del Coronel con la intención de hablar inmediatamente con el comandante, era su deber proteger a su paciente por lo que era su deber conocer las circunstancias por las que ella estaba hospitalizada.

El Coronel sabía que el médico haría lo correcto, no por ello todo su personal era escogido con sumo cuidado, no solamente por sus habilidades clínicas sino por ser personas honorables y con alto sentido de responsabilidad.

Cuando entró de nuevo a la habitación de Josie, cruzó la sala, saludó a la enfermera y se asomó al cuarto, ahí vio como Andy le explicaba a Josie lo que estaba pasando, Juanjo y Scott asentían con la cabeza, Josie se veía asombrada pero no asustada. En cierto momento, Juanjo le dijo a Josie que Helia había muerto, que después le explicarían pero, que él ya estaba en contacto con sus padres y se encargaría del funeral y de que su familia siempre estuviera bien sin que les faltara nada, Josie le dijo que eso último era su deber y que ella se encargaría de ello, mientras lo decía unas lágrimas comenzaron a rodar por sus mejillas, todo había sido una pesadilla pero además había perdido a su mejor amiga.

En cierto momento, Josie notó la presencia del Coronel y le dijo:

- ¿Abuelo, en verdad que ustedes me han estado protegiendo? -

- Sí Josie, lo que te dicen es verdad, pero si aún no lo crees, ve esto -

Acto seguido, el Coronel encendió la TV, buscó el canal de noticias y esperó a que hablaran de Carlos Piamonte, a los pocos minutos la foto de Carlos estaba en la pantalla, explicando que había sido capturado y que era culpable de varios delitos entre ellos el de tráfico de influencias, contrabando y asesinato.

Josie no podía creer lo que escuchaba, los comentaristas hablaban del Grupo Limantour diciendo que Scott, el actual Director General, en coordinación con las autoridades internacionales, habían desbaratado una red de contrabando la cual había intentado usar a unas de sus empresas para llevar a cabo diversos delitos, las noticias continuaron hasta que Josie vio su foto en pantalla donde se informaba que ella estaba sana y salva, que se le había dado por muerta para mantenerla segura, ella era el objetivo de Carlos Piamonte quien, junto con varios directivos del Grupo Limantour, querían eliminarla a ella y a sus parientes para apoderarse de la fortuna Limantour.

Andy le había proporcionado a la prensa un informe detallado para que se esclarecieran los hechos y se limpiara el nombre del padre de Scott así como se explicara la situación del Grupo Limantour.

Josie comenzó a llorar, no podía creer todo lo que había pasado, habían secuestrado a su tía, a sus primos, la habían intentado matar en varias ocasiones y ella no tenía ni idea de lo que estaba pasando, se sentía agradecida pero a la vez muy estúpida, inclusive la muerte de sus padres había sido un asesinato y ella jamás supo nada.

Andy la abrazó, ella siguió llorando en sus brazos, al ver la escena, Scott tocó el hombro de Juanjo y le hizo una seña de que era momento de dejarlos solos, el Coronel salió también de la habitación.

Andy y Josie no se dieron cuenta que todos salieron de la habitación, Andy seguía consolando a Josie diciéndole que ahora ella y su familia estaban seguras, que nada malo les pasaría y que además el Grupo Limantour estaba en su mejor momento, a raíz de la noticia sus acciones habían subido como espuma.

Josie no estaba escuchando nada de lo que decía Andy, se sentía segura en sus brazos y para ella, por el momento, era suficiente, ya habría tiempo para entender a detalle lo que había pasado y para tomar posesión de su herencia.

Cuando Josie dejó de llorar, empujó a Andy y le dijo:

- ¿Y tú porqué me ayudaste tanto?, ¿El Coronel porqué me cuidó? -

- ¿Yo? Porque te amo, mi abuelo, porque amaba a tu abuela -

Josie puso cara de asombro pero antes de darle más explicaciones Andy la besó, en el momento en el que ella sintió los labios de Andy por unos momentos lo besó también pero después, lo mordió.

Andy retiró sus labios y le dijo:

- Pero ¿por qué me muerdes? -

- Porque nadie te dio permiso de besarme -

Andy sonrió y le dijo, mientras acercaba sus labios a los de Josie:

- ¿Amor mío, ¿puedo besarte? -

Ella le sonrió al mismo tiempo que acercaba sus labios a los de Andy.

Mientras Josie se recuperaba, Juanjo se encargó del traslado del cuerpo de Helia a su país y, como le había dicho a Josie, se encargó de que el funeral estuviera a la altura de la amiga que había sido para Josie, respetando las costumbres y lo que los padres de ella querían. Desgraciadamente por el estado de Salud de Josie ella no pudo asistir pero habló con los padres de Helia explicándoles que en cuanto los médicos la dejaran viajar iría ella a verlos.

La versión que tenían los padres de Helia era que había sufrido un asalto y que los asaltantes la habían asesinado, la policía respaldó los hechos y los padres pidieron justicia. La policía les informó que los asaltantes ya habían sido detenidos y estaban en proceso de ser juzgados.

Juanjo les dijo que él personalmente le daría seguimiento al asunto para que su hija recibiera la justicia que se merecía, los padres de Helia se lo agradecieron, ellos eran una familia humilde y ya estaban grandes para poder viajar por lo que pusieron en manos de Juanjo el asunto, además la madre de Helia sabía que su hija había estado enamorada de Juanjo por muchos años así que era fácil agradecerle lo bueno que había sido con ella.

El juicio de Carlos Piamonte dio inicio y junto con él, el juicio de muchos más de sus cómplices, algunos de ellos miembros del Consejo del Grupo Limantour, otros del grupo Blue Mountain y algunos más, eran altas figuras del mundo empresarial, por lo que el juicio fue un escándalo internacional ya que muchos de ellos eran de otros países.

Sin embargo, aún no quedaba claro porque Carlos Piamonte mandó asesinar a los padres de Josie y trató de eliminarla a ella y no a Scott, mientras seguían las investigaciones por parte de Alan y "el búho", el Coronel llevaba a cabo investigaciones por su cuenta.

Cierto día, platicando con uno de sus viejos amigos, éste le preguntó por Esteban, el Presidente del Consejo del Grupo Limantour, el Coronel le dijo que estaba bien pero que su esposa padecía de un cáncer muy agresivo. Su amigo le dijo que estaba enterado, y que inclusive él mismo le había recomendado a unos médicos que aparentemente hacían milagros, le dijo que Esteban siempre había sido un buen amigo para él pero que ya no se veían con tanta frecuencia desde que se mudó a otro país, también platicaron del asunto de Carlos Piamonte y éste le reveló que el padre de Carlos hacía algunos años, se había intentado asociar con el Grupo Limantour en varias ocasiones, pero que la última vez, el padre de Josie lo rechazó y le dijo que su empresa jamás podría asociarse con ellos y le presentó pruebas donde varios de sus ejecutivos sobornaban a autoridades para ganar contratos y otras más donde se demostraba que maquillaban los estados financieros, poco despues de ello, los padres de Josie tuvieron el accidente.

El Coronel no estaba al tanto de nada de eso y le preguntó a su amigo la forma en la que se había enterado y éste le dijo que unos días antes del accidente, su hijo había comido con el padre de Josie y éste le había relatado lo que había sucedido con el señor Piamonte, sin embargo, él jamás sospechó que ellos tuvieran algo que ver con el accidente y las autoridades jamás investigaron nada.

Por fin el Coronel tenía lo que necesitaba, el verdadero motivo de todo, Carlos Piamonte hijo, culpaba al padre de Josie ¡de suicidio de su padre! Ese era el motivo.

Ya con esa información, todo tenía sentido excepto que jamás haya intentado eliminar también a Scott y a su familia.

Cuando le platicó a Scott y a Andy lo que realmente había sucedido entre la familia Piamonte y el padre de Josie, Scott recordó algo que lo hizo palidecer.

El Coronel vio la cara pálida de Scott y le preguntó si se sentía bien, Andy y el Coronel ayudaron a Scott a sentarse, le dieron un vaso de agua y cuando éste se recuperó les dijo lo siguiente:

Creo que yo vi a mi madre besar a Carlos Piamonte cuando era niño, ahora lo recuerdo, mi padre estaba muy enojado con el padre de Josie y comenzó a beber, por esa época mis padres tenían muchos problemas, un día, mi padre no estaba y bajé a la cocina por un vaso de agua y escuché voces en la cochera, cuando salí vi a mi madre con otro hombre que no era mi padre, mi madre se acercó a mí y me dijo que me fuera a dormir, me acompañó a mi habitación y me dijo que estaba soñando, me dio un beso y me dormí, pero, ahora estoy seguro de lo que vi, necesito hablar con mi madre.

Dicho esto, se levantó y sin despedirse tomó las llaves de su auto y se dirigió a su casa.

Ahí estaba su madre, dándole instrucciones al jardinero ya que ese día tendrían una fiesta, el padre de Scott estaba exonerado de todos los cargos y habían limpiado su nombre.

Scott le dijo a su madre que necesitaba hablar urgentemente con ella, ella lo siguió y cuando entraron al despacho él la encaró diciéndole:

- Madre, ¿tu fuiste amante de Carlos Piamonte? -

La madre de Scott no esperaba que su hijo lo recordara, trató de negarlo pero al final lo admitió, ella le dijo que Carlos estaba obsesionado con ella y que cuando su padre enfermó de los nervios él la ayudó, con el tiempo ella creyó estar enamorada de él y tuvieron una relación, Carlos le confesó que al principio se acercó a ella por venganza, que le quería hacer daño a la familia Limantour pero que se había enamorado de ella y que jamás le haría daño a ella o a su familia.

La madre de Scott le explicó que jamás entendió esas últimas palabras de Carlos pero que con el tiempo ella acabó con la relación al darse cuenta de que seguía enamorada de su marido, Carlos al principio no lo aceptó pero después estaba tan ocupado con sus negocios que el mismo tiempo se encargó de que la relación se terminara. Carlos era un hombre casado así que, ambos entendieron que un escándalo de esa naturaleza los afectaría a los dos y dieron por terminada la relación, quedando ambos en buenos términos.

Cuando la madre de Scott vio aquél día en las noticias todo lo que había sucedido por culpa de Carlos Piamonte no lo podía creer, incluso trató de comunicarse con él o con sus abogados pero estos jamás aceptaron sus llamadas, la madre de Scott le dijo que estaba muy arrepentida de lo que había pasado pero que ella nunca tuvo algo que ver con todo este asunto, que mucho tiempo había estado enojada con los padres de Josie pero que cuando murieron fue un gran dolor para ella, la madre de Josie había sido por mucho tiempo una de sus mejores amigas.

Scott abrazó a su madre, mientras ella le explicaba no paraba de llorar, mientras la abrazaba le dijo que en algún momento ella tendría que hablar con la policía y con su padre, y que esperaba que su padre la perdonara como él la perdonaba en ese momento.

La madre de Scott lo abrazó de nuevo y le dijo que haría lo correcto, que una vez que su padre estuviera bien, lo hablaría con la policía y le confesaría a su esposo su infidelidad.

Ambos se abrazaron por un momento más hasta que ella le dijo a Scott:

- Por lo pronto, recuerda que hoy es la fiesta de bienvenida de tu padre, ya él sabe todo lo que pasó y cómo ayudaste a limpiar su nombre, junto con el Coronel y su nieto, recuérdales que están invitados a la fiesta y esperemos que Josie también asista, ya es hora de que la familia se una de nuevo -

- Hoy mismo hablo con ellos, no te preocupes, supongo que también invitaste a Aurora, la tía de Josie y a sus primos -

- Sí claro, ellos ya confirmaron también -

- Bueno madre, espero que con todo lo que ha pasado nuestra familia pueda ser feliz algún día -

Dicho esto, se levantó y se despidió de ella diciendo que aún tenía muchas cosas que hacer en la oficina y se fue.

Cuando llegó a su auto, Scott apretó el volante del auto, iba a ser muy difícil perdonar verdaderamente a su madre, los últimos años había tratado muy mal a su padre y a él, pero, por el bien de la familia, debía intentarlo. Ahora, necesitaba hablar con el Coronel y explicarle todo, aunque era muy vergonzoso era necesario si quería que todo esto terminara de una buena vez.

Se dirigió a la casa del Coronel y ahí estaban Andy y Josie por lo que le pidió hablar con el Coronel en privado. Josie y Andy lo saludaron y vieron como el Coronel y Scott se alejaban.

Mientras Andy y Josie esperaban a que ellos regresaran, Andy se acercó a Josie y le dijo:

- Antes de pedirte matrimonio, necesito que me perdones por haberte mentido y haberte ocultado tantas cosas -

Josie, mirando a los ojos de Andy le dijo:

- Es difícil perdonar a alguien que te ha mentido, sin embargo, entiendo por qué lo hiciste, si me prometes jamás volverme a mentir ni ocultarme nada, te perdonaré -

Andy le prometió que jamás le volvería a mentir y mucho menos a ocultarle algo, ella le dijo que entonces lo perdonaba.

Mientras ellos se declaraban su amor, Scott le confesaba a el Coronel lo que recientemente había descubierto, le dijo que eso iba a ser un gran deshonor para su familia por lo que no era digno de estar cerca de Josie ni de nadie más.

El Coronel le dijo que los pecados de los padres jamás serán los pecados de los hijos, le dijo que una vez que se hiciera público que él y su familia lo respaldarían como una persona de bien y que cualquiera que no hiciera lo mismo sería considerado su enemigo.

Scott le agradeció al Coronel sus palabras, sabía que una vez que todo se revelara, su familia sería motivo de escarnio público.

Cuando salieron del despacho, ambos vieron sonreír a Josie y a Andy, el Coronel le dijo que hablara con ellos, que ambos lo entenderían, le dijo que esas cosas más valía decirlas al momento y así, entre todos, poder solucionarlas.

Scott se acerco a su prima y le dio un beso, Andy sonriendo le dijo:

- A mí no me vas a besar… primo -

Scott le sonrió y le dijo:

-Cuando sepan lo que les vengo a revelar, quizás nunca más merezca que me llamen primo-

Posteriormente, comenzó a revelarles lo que había pasado entre su madre y Carlos, cuando terminó de contarles Josie fue la primera en hablar y dijo:

- Scott, primo, creo que nuestra familia ya ha sufrido mucho, es hora de olvidar y reconciliarnos, levanté los cargos en contra de tu padre porque sé que no estaba en sus cabales, lo que haya pasado, ya pasó y espero que podamos ser una familia de nuevo, si el Coronel y Andy están de acuerdo, yo estoy dispuesta a olvidar todo y que con ello podamos volver a comenzar, ahora más unidos que nunca, hoy me entregaron oficialmente mi herencia y próximamente seré la accionista mayoritaria del Grupo Limantour, sin embargo, quiero compartir esa fortuna contigo y juntos llevar al Grupo Limantour a ser uno de los grupos más poderosos del mundo -

Andy por su parte, respaldó las palabras de Josie y agregó:

- Por mi parte, mi familia y la tuya ahora son una gran familia y como tal tienen el respaldo que ello conlleva, cualquiera que no te respalde será considerado nuestro enemigo -

Scott le agradeció a Andy y a Josie sus palabras, sin dejar de notar el gran parecido que había entre el Coronel y Andy, ya más tranquilo le dijo a Josie:

- Prima, no creo que sea necesario compartir tu fortuna pero si así lo decides lo acataré, creo que juntos podemos hacer que el Grupo Limantour sea tan importante como tú lo planteas, ahora, les recuerdo que tenemos una fiesta y espero que todo esto se aclare y nuestras familias se unan de una vez por todas -

Todos se despidieron para irse a arreglar, la fiesta en casa de Scott iba a ser una fiesta que jamás olvidarían.

Capítulo 21. La fiesta que se convirtió en leyenda

Josie ya había aclarado todo con su tío Joe el motivo y le había mostrado los documentos donde se certificaba que la herencia legítimamente le pertenecía a su padre, sin embargo, su padre había hecho arreglos para cederle una buena parte a su hermano Joe, su padre no creía que las herencias debían ser para una sola persona por lo que estaba decidido a hacer justicia aun y cuando tuviera que pelearse con media familia, tampoco estaba de acuerdo en que solamente los hombres podían heredar por lo que al momento de tomar posesión de su herencia había entregado y certificado un documento para que se declarara a Josie, su hija como heredera universal, él sabía que ella jamás desampararía a su madre por lo que no consideró incluirla a ella en el testamento.

Cuando el padre de Josie iba a explicarle a su hermano su decisión, éste no dejó de gritarle sin escuchar nada más, antes de que pudiera tranquilizarse, Joe cayó al suelo y se dio un fuerte golpe en la cabeza.

Cuando llegó al hospital, inconsciente, los médicos lo operaron de emergencia, tenía una fractura de cráneo por lo que cayó en coma después de la operación, cuando despertó su comportamiento era irracional y hasta delirante.

El padre de Josie trajo a médicos de todo el mundo para que ayudaran a su hermano pero ninguno de ellos pudo hacerlo y lo recluyeron en el mejor centro de ayuda del país, ahí fue sometido a terapias de recuperación física y mental.

Cuando Joe logró recuperarse, con ello también recuperó parte de la memoria, los huecos, fueron llenados poco a poco por su imaginación, así que, su versión personal de los hechos fue que al reclamarle a su hermano, éste lo empujó, le partió el cráneo y posteriormente lo declaró mentalmente enfermo.

El padre de Josie le explicó muchas veces a su hermano lo que en realidad había pasado pero éste se negaba a creerlo, además, su esposa, todos los días se encargaba de recordarle lo malvado que era su hermano y lo inútil en que él se había convertido, así que, comenzó a tomar.

Cuando supo del fallecimiento de su hermano y de su cuñada intentó hacer algo con la herencia pero estaba tan bien elaborada que no pudo más que esperar a que Josie creciera para hacer algo al respecto.

Josie vivía con su abuela, una mujer muy sabia, rica y poderosa, la madre de Josie provenía de una de las mejores familias del país por lo que no intentó nada para acercarse a Josie.

Cuando la abuela falleció, Joe sabía que su momento había llegado, Josie estaba por cumplir los 21 años y tomaría posesión de la herencia de su padre y la herencia de su abuela, ello la haría una de las personas más ricas del mundo y con ello, tendría un gran poder, si eso se llevaba a cabo, seguramente jamás tendría la oportunidad de acercarse a ella. Sabía además que su hijo Scott adoraba a su prima por lo que no permitiría que le hiciera daño, aún y cuando entre él y su madre le habían explicado muchas veces las circunstancias en las cuales se había consumado la herencia éste nunca quiso aceptar hacer algo en contra de su prima o su familia, para él, la familia era sagrada, así se lo habían inculcado sus abuelos.

No obstante a ello, en muchas ocasiones Scott no perdía la oportunidad de molestar a su prima pero jamás le haría daño.

Josie y Joe por fin habían aclarado todos los asuntos familiares, inclusive, Josie le mostró un documento donde ella le cedía a Scott la misma parte de la herencia de su padre que él le iba a ceder a Joe, con eso, ella creía que hacía justicia y seguiría la voluntad inicial de su padre.

Joe le agradeció el gesto y le dijo que si su hijo lo aceptaba, él no se opondría, Josie le explicó que Scott ya había aceptado por lo que se estaban llevando a cabo los documentos correspondientes y que se haría oficial al anunciarlo el día de la fiesta.

Así que, esa noche no había más que motivos para celebrar, Josie le había dicho a Andy que ella pasaría a recogerlo ya que tenía muchas cosas que hacer en la oficina, Andy accedió y le dijo que él pasaría por su abuelo y la esperarían, cuando Andy le dijo a su abuelo que Josie pasaría por ellos, su abuelo casi lo agarra a palos, por más que Andy le explicó que eran otros tiempos éste le dijo que era muy poco caballeroso de su parte aceptarlo, Andy se mofó de su abuelo diciéndole que debía de entender que ahora las mujeres eran mucho más independientes y que para él, era un orgullo que su novia pasara por ellos.

El Coronel definitivamente no aceptó que Josie pasara por ellos así que le dijo a Andy que él llegaría por su cuenta, que si quería que ella pasara por él era su problema, él, jamás dejaría que una dama pasara por él.

Un día anterior a la fiesta, el Coronel le había pedido a Andy que comieran juntos, a Andy no se le hizo nada del otro mundo ya que con frecuencia su abuelo le pedía que lo acompañara a comer, pero en esta ocasión, cuando llegó, el Coronel estaba acompañado de dos personas, una de ellas su abogado y la otra el notario con el que siempre trabajaban.

Durante la comida le explicó a Andy algunas cosas, le informó de otras y lo nombro heredero universal de sus bienes así como la cabeza de la familia, esto significaba, que ahora Andy era inmensamente rico pero además, poderoso.

Al mismo tiempo que se firmaban y notarizaban los documentos, un video le era enviado a las cabezas de las familias y a las cabezas de la organización de Inteligencia. Andy, ahora era designado como gran heredero.

El abuelo de Andy ya le había explicado todo lo que concernía a los negocios familiares y todo en cuando a las organizaciones que estaban al mando del Coronel, Andy había sido entrenado toda su vida para sustituirlo pero jamás se dio cuenta. No así su familia, pero ahora, una vez nombrado, tenía todo el poder por lo que su familia tenía que aceptarlo o habría consecuencias.

Ese mismo día, a Andy le fue asignado otro grupo de seguridad, Alan ya estaba al tanto así que él se coordinaba ahora con un gran equipo, Alan también estaba entrenado para las responsabilidades que Andy iba a tomar por lo que la situación la tenía bajo control.

Al día siguiente, Andy habló con Josie y le comentó que su abuelo no aceptaba que ella pasara por ellos, le recordó que su abuelo tenia aun costumbres mas conservadoras, Andy sonriendo le dijo:

- Acabas de decirle viejo y anticuado al abuelo -

Andy le dijo que sí y ambos se rieron, Josie entendió y aceptó que el Coronel se fuera por su cuenta, ambos aceptaban que aunque el Coronel tenía costumbres anticuadas ambos tenían que respetarlas.

Josie había tomado oficialmente posesión de sus herencias por lo que, ahora, era una mujer inmensamente rica y por consecuencia, tenía muchas responsabilidades lo que hacía que sus días parecieran muy cortos y sus noches aún más, todos los días llegaba cansada pero contenta a casa. Sin Scott, ella sabía que no le hubiera resultado posible hacerse cargo de todas las empresas, por lo que estaba segura de que había tomado la mejor decisión al compartir con él la herencia y con ello la responsabilidad del Grupo Limantour.

Mas tarde, Josie le marcó a Andy para decirle que estaban llegando a su casa, Andy le dijo que ni se bajara del auto, que él la alcanzarían en la entrada y así fue, cuando Andy vio el auto sonrió, su novia tenía buen gusto, frente la entrada de su casa estaba un hermoso Bugatti último modelo, el auto era manejado por el chofer y guardia de seguridad de Josie, lo que siempre la hacía enojar porque decía que no tenía caso tener ese auto si ella no lo manejaba, sin embargo, mientras ella no recibiera el entrenamiento necesario, el equipo de seguridad le había asignado un chofer entrenado.

Debido a las nuevas responsabilidades de Josie, ella no podía negarse por lo que además del trabajo diario, tenía ahora que aprender muchas otras cosas más que tenían que ver con su propia seguridad, incluyendo maniobras de escape y defensa personal.

Andy le notificó a su abuelo que ya iban a la fiesta, su abuelo le comunicó que él ya estaba en camino, que se veían allá.

Al evento había sido invitada la prensa ya que el motivo era para celebrar que se había limpiado por completo el nombre de Joe Limantour, así que cuando la prensa reconoció el auto de Josie ya la estaban esperando en los lugares designados para que fuera entrevistada.

Andy se bajó del auto al mismo tiempo que Josie, el chofer le había abierto la puerta a ella, cuando ésta salió del auto se alcanzó a escuchar un sonido de explanación de los reporteros, Josie se veía tan bella, su vestido era largo, de color marfil, con un precioso y delicado estampado de color dorado, cuando Andy la vio emitió el mismo sonido que segundo antes había emitido la prensa, ella se veía tan hermosa que no pudo evitar volverse a enamorar.

La prensa captó el momento en el que Andy la veía y esa foto fue una de las que más se subieron a redes sociales, el título fue "la cara de un hombre enamorado", las redes sociales explotaron cuando vieron a ese hombre tan guapo poner esa cara al ver a su novia, las mujeres no dejaban de decir que ella era muy bonita pero que Andy era aún más bello.

El Coronel ya estaba en sentado en la mesa designada para ellos por lo que cuando llegaron su nieto y Josie se levantó para recibirlos, lo que no pasó desapercibido por la prensa.

Otra de las fotos de esa noche decía: "el Coronel recibiendo a su nieto consentido, ¿habrá boda pronto?"

A la fiesta estaban también invitados familiares del Coronel por lo que en su mesa estaban algunos de los tíos, tías y primos de Andy, el Coronel no lo podía evitar y aceptó convivir con su "adorable y fastidiosa familia" como él frecuentemente la describía.

La fiesta transcurrió sin sobresaltos, a la hora designada, Scott tomó el micrófono para agradecerle a los invitados su asistencia y el apoyo que su familia estaba recibiendo de ellos, le agradeció especialmente a su prima Josie y ella se paró y le mandó con un gesto un beso.

Después de un breve pero elocuente discurso, Scott entregó el micrófono y se disponía a señalarle a los músicos que siguieran tocando, pero, una figura se acercó a él y le pidió el micrófono, era Andy, como lo había prometido, iba a mostrar el apoyo de él y de su familia a la familia de Scott así que, tomando a Scott de los hombros le dijo:

- Scott, eres un buen amigo y te reitero a ti y a tu familia el apoyo de la familia de la Garza, mi abuelo los tiene en gran estima y me ha pedido que, en su nombre, les reitere todo su apoyo y cariño -

Dicho esto, el Coronel se puso de pie y le hizo un saludo con el brazo, esperó a que la prensa y todos los asistentes lo vieran y se sentó, había cumplido su promesa, Scott siempre sería apoyado por la familia de la Garza y pronto, si su instinto no le fallaba, serían una misma familia.

Pasado un rato, los asistentes comenzaron a bailar, en determinado momento, Andy pidió a los músicos que guardaran silencio y tomó un micrófono, espero a que los invitados guardaran silencio y les dijo:

- Tengo un anuncio que hacerles, pero para ello necesito que se vayan a sentar a sus lugares mientras pido que Joe Limantour y su querida esposa me acompañen -

Joe no entendía lo que estaba pasando pero él y su esposa fueron a donde estaba Andy, ahí mientras esperaban a que todos estuvieran en su lugar o al menos callados Andy continuó:

- Como los padres de Josie ya fallecieron y ustedes son sus tíos, les quiero pedir la mano de Josie para casarme con ella -

Josie no podía creer lo que Andy estaba diciendo, apenas eran novios y tenían muy poco tiempo de conocerse, lo amaba pero ya casarse sentía que era muy pronto, además, Andy debía habérselo pedido primero a ella, Josie se comenzó a enojar a tal grado que iba a decir algo, el Coronel al darse cuenta le sonrió y le dijo:

- Mi pequeña niña, que Andy pida tu mano no quiere decir que se tengan que casar y mucho menos que se tengan que casar pronto, lo que Andy está haciendo es anunciarle al mundo que ambas familias están unidas y con ello, manda el mensaje de que cualquiera que intente hacerles daño será automáticamente enemigo de nosotros, ¿ahora lo entiendes?, no te enojes con él, está haciendo lo que cree que es necesario para que tú y toda tu familia jamás corran peligro alguno -

Josie no había pensado en ello, pero ahora que el Coronel se lo explicaba entendía el gran valor que esas palabras significaban para la sociedad, ahora ambas familias unidas eran mucho más poderosas.

Josie le sonrió al Coronel y le dijo:

- Ahora lo entiendo abuelo, pero, debió habérmelo pedido a mi primero -

El Coronel le sonrió y le dijo:

- ¿Y qué le hubieras dicho si lo hacía? -

- Claro que le hubiera dicho que no, que es muy rápido, que está loco -

Por eso Andy no te lo dijo primero, mi niña.

Algún día te voy a contar una historia de cómo conocí y me enamoré de tu abuela, y como el tiempo jamás permitió nuestro amor, no sabes lo feliz que me hace que ustedes se hayan enamorado.

Josie ya no pudo decir nada, abrazó al Coronel y le dijo que entendía todo, que ya ella hablaría con Andy y aclararía algunas cosas.

Mientras ellos tenían esa plática, la familia del Coronel los observaba y la tía Aurora y sus hijos se emocionaban al ver a Josie tan feliz.

Joe y su esposa accedieron a la petición de Andy y todos los asistentes aplaudieron y comenzaron a decir, al unísono el nombre de Josie una y otra vez, Josie entendió el mensaje y caminó hacia ellos.

Cuando llegó, Andy la recibió con un beso y le dijo:

- Amor mío, ya tus tíos me concedieron tu mano, te prometo ganarme tu amor y si me aceptas, te pediré que seas mi esposa -

Josie sonrió, Andy sabía que debía pedírselo a ella, su novio además de guapo, la conocía muy bien, así que sin decir nada, se acercó a él, lo abrazo y le dio un beso en la mejilla.

La gente comenzó a aplaudir, en las pantallas del jardín se veía la imagen de Andy y de Josie tomados de la mano, sonriendo. Los asistentes sabían que cuando esa boda se llevara a cabo sería posiblemente la boda de siglo.

Al día siguiente, la prensa y las redes sociales dieron muchos detalles de la fiesta, había múltiples fotos y videos, todo mundo comentaba lo felices que estaban los Limantour al haber limpiado su nombre y además con una boda en puerta y nada más y nada menos que Josie, la heredera del Grupo Limantour y Andy de la Garza, el que era ya designado como el heredero del Coronel Arturo de la Garza y cabeza de la dinastía de la Garza.

A los pocos meses se anunció la tan esperada boda, la ceremonia y la fiesta fueron tan espectaculares que fue recordada por muchos años, había sido una boda de cuento de hadas decían, por esa boda, la gente contaría la historia de la Josie y el Coronel hasta convertirse en una gran leyenda.

La única persona que no se alegraba con ello era una mujer, que al ver las fotos de la boda no se resignaba a que Andy estuviera en brazos de otra, pero esa, es ya otra historia.

Índice de Contenido

Printed by Books on Demand GmbH, Norderstedt / Germany